C. COLSON

INSPECTEUR GÉNÉRAL DES PONTS ET CHAUSSÉES
CONSEILLER D'ÉTAT
MEMBRE DE L'ACADÉMIE DES SCIENCES MORALES ET POLITIQUES

STATISTIQUE DES TRANSPORTS

ET DU COMMERCE INTERNATIONAL

EN FRANCE ET A L'ÉTRANGER

LA DETTE, LE BUDGET ET LES IMPOTS

EN FRANCE

———

Supplément annuel aux Livres IV, V et VI du

COURS D'ÉCONOMIE POLITIQUE

Professé à l'École Nationale des Ponts et Chaussées

———

Prix : 1 franc.

———◎———

PARIS

GAUTHIER-VILLARS	FÉLIX ALCAN
Imprimeur-libraire de l'École Polytechnique	Editeur
QUAI DES GRANDS-AUGUSTINS, 55	BOULEVARD ST-GERMAIN, 108

LIBRAIRIE GAUTHIER-VILLARS

QUAI DES GRANDS-AUGUSTINS, 55, A PARIS (6e).

Envoi franco dans toute l'Union postale contre mandat-poste ou valeur sur Paris.

ENCYCLOPÉDIE DES TRAVAUX PUBLICS

Fondée par M.-C. LECHALAS,
Inspecteur général des Ponts et Chaussées en retraite

COURS
D'ÉCONOMIE POLITIQUE

PROFESSÉ A L'ÉCOLE NATIONALE DES PONTS ET CHAUSSÉES

PAR

C. COLSON,

Inspecteur général des Ponts et Chaussées,
Conseiller d'Etat,
Ancien Directeur des Chemins de fer au Ministère des Travaux publics,
Membre de l'Académie des Sciences morales et politiques

SIX LIVRES IN-8 (25 $\times$ 16) SE VENDANT SÉPARÉMENT, CHACUN **6 FRANCS**.

LIVRE I : *Théorie générale des phénomènes économiques.* Un volume de 447 pages. 2ᵉ édition, 1907.

LIVRE II : *Le travail et les questions ouvrières.* Un volume de 344 pages, 1901 ; 5ᵉ tirage, 1910.

LIVRE III : *La propriété des biens corporels et incorporels.* Un volume de 342 pages, 1902 ; réimprimé avec un appendice en 1910.

LIVRE IV : *Les entreprises, le commerce et la circulation.* Un volume de 442 pages, 1903 ; réimprimé avec un appendice en 1911.

LIVRE V : *Les Finances publiques et le budget de la France.* Un volume de 466 pages, 2ᵉ édition, 1909.

LIVRE VI : *Les Travaux publics et les transports.* Un volume de 528 pages, 2ᵉ édition, 1910.

Supplément annuel aux Livres IV, V, VI: Pour tenir constamment à jour les renseignements de fait et les statistiques commerciales et financières contenues dans son cours, l'auteur publie chaque année un supplément contenant: 1º l'analyse des lois et règlements qui ont modifié le régime des transports en France et un résumé des dernières statistiques relatives au trafic parues en France et à l'étranger ; 2º les dernières statistiques du Commerce international en France et à l'étranger ; 3º l'analyse du dernier budget français dont les comptes aient été publiés — le tout avec des tableaux récapitulatifs pour les années antérieures. Une brochure de 48 pages, vendue séparément...................................... **1 franc**

Poitiers. — Imprimerie G. Roy.

TABLE DES MATIÈRES

Suite de la table des matières

Postes, télégraphes et téléphones

Commerce international

Budget de la France

ROUTES, CHEMINS ET RUES

LOIS ET RÈGLEMENTS NOUVEAUX

Loi du 17 juillet 1908 infligeant des *pénalités* aux conducteurs de véhicules qui tentent de s'échapper après avoir causé un *accident*.

Loi de finances du 26 décembre 1908, art. 65, modifiant les conditions dans lesquelles l'Etat peut concourir au paiement des *subventions* allouées par les localités intéressées pour les *services publics de voitures automobiles transportant des voyageurs et des marchandises.* La subvention de l'Etat peut être allouée aux entreprises justifiant de moyens d'action suffisants pour transporter chaque jour, dans chaque sens, 2 tonnes de marchandises à une vitesse moyenne de 6 kilomètres à l'heure et 20 voyageurs avec 500 kg. de bagages et messageries à une vitesse moyenne de 12 kilomètres à l'heure. Décret du 5 juin 1909 portant règlement pour le paiement des subventions prévues par cette loi.

Loi de finances du 8 avril 1910, art. 32 et 33, modifiant le régime du *droit fixe sur les voitures d'occasion et à volonté,* notamment en ce qui concerne les voitures automobiles.

Même loi, art. 123, créant un *office national du tourisme* et décret du 24 août 1910, réglant le fonctionnement de cet office.

Loi de finances du 13 juillet 1911, art. 118, autorisant l'administration à imposer aux constructeurs d'édifices les conditions nécessaires à la conservation des *perspectives monumentales et des sites,* à Paris et dans les villes soumises au décret du 26 mars 1852.

Loi du 5 avril 1912, classant la route nationale dite *des Alpes.*

1

STATISTIQUE

1° ROUTES NATIONALES

LONGUEUR OUVERTE A LA CIRCULATION

En 1814..................... 27.200 kilomètres.
1869..................... 38.500 —
1871..................... 37.300 —
1910..................... 38.200 —

DÉPENSES

(avec celles des ponts)

ÉTABLISSEMENT ET AMÉLIORATION

De 1821 à 1847, moyenne annuelle : 10 millions.
1848 à 1887 — — 7 à 8 —
1888 à 1905 — — 3 à 4 —

Le *total général*, pour cette période, est de 600 millions environ. Il a été dépensé en outre 12 millions pour le rachat de ponts à péages.

Dépense moyenne de 1906 à 1908 : 2.600.000 francs par an.
— *en 1909* : 1.500.000 francs.
— *en 1910* : 1.500.000 —

ENTRETIEN, GROSSES RÉPARATIONS ET ADMINISTRATION

Dépense annuelle, environ 43 millions.

FRÉQUENTATION

(*Recensement de la circulation de 1903*)

Circulation moyenne, par jour :

Voitures chargées de marchandises (colliers).. 115
Voitures publiques pour voyageurs (id.).. 6
Voitures vides ou voitures particulières (id.).. 130
Automobiles (nombre)....................... 4
Motocycles (id.)........................ 1
Bicyclettes (id.)...................... 32
Chevaux, bœufs et ânes non attelés (têtes)..... 44
Menu bétail..................... (id.)..... 88

Circulation moyenne annuelle sur chaque kilomètre :
40.000 tonnes de marchandises.
Circulation totale annuelle sur l'ensemble du réseau :
1.530.000.000 tonnes kilométriques de marchandises.

2º ROUTES DÉPARTEMENTALES ET CHEMINS VICINAUX

(Service réuni à celui des ponts et chaussées en totalité *dans 43 départements et* en partie *dans 3 autres)*

LONGUEUR A L'ÉTAT D'ENTRETIEN

	Routes départementales	Grande vicinalité	Petite vicinalité
En 1814........	18.600	(?)	(?)
1869........	47.000	143.000	180.000
1909........	260.000 (1)		286.000
LONGUEUR CLASSÉE A CONSTRUIRE.	5.000		97.000

DÉPENSES

ÉTABLISSEMENT ET AMÉLIORATION

Routes départementales.
De 1821 à 1870 (1) environ........   500 millions

Chemins vicinaux (dépenses postérieures à la loi du 21 mai 1836)

De 1837 à 1868 (évaluation).......	1.500	—
De 1869 à 1908 environ..........	1.850	— (2)
En 1909.......................	32	— (3)
En 1910.......................	30	— (4)

ENTRETIEN ET ADMINISTRATION

Dépense annuelle : environ 171 millions.

RECETTES

Subventions industrielles pour la réparation des dégradations extraordinaires causées aux chemins vicinaux, chaque année environ.................   1 million 1/2

(1) Depuis que la loi du 11 juillet 1868 a alloué des subventions pour l'établissement des chemins vicinaux, on a presque complètement cessé de construire des routes départementales ; les anciennes ont même été déclassées et transformées en chemins vicinaux, depuis la loi du 10 août 1871, dans 67 départements.
(2) Comprenant environ 475 millions de subventions de l'Etat. Le total comprend les travaux des routes départementales.
(3) Comprenant environ 11 millions de subventions de l'Etat.
(4) Comprenant environ 10 millions de subventions de l'Etat.

3° RUES DE PARIS

DÉVELOPPEMENT A LA FIN DE 1908

Longueur des chaussées........   1.100 kilomètres.
Surface des chaussées..........   931 hectares.

DÉPENSES

EXPROPRIATIONS ET TRAVAUX NEUFS

De 1821 à 1851 (évaluation)..........   200 millions.
   1852 à 1870 ·   —   .... 1:350 (1) —
   1871 à 1910   —   ....   630 —

ENTRETIEN, ADMINISTRATION, ÉCLAIRAGE

Dépense annuelle, environ............   36 millions (2).

RECETTES

Droits de stationnement des voitures et tramways

Produit annuel, environ................   6 millions.

4° RECETTES TIRÉES PAR L'ÉTAT EN 1910

DES IMPOTS GREVANT LES TRANSPORTS
SUR LES ROUTES, CHEMINS ET RUES

Impôt sur les *voitures publiques ou de louage* : 4.600.000 fr.
Timbre des *lettres de voiture :* produit négligeable.

(1) Comprenant 101 millions de subventions de l'Etat.
(2) Comprenant 3 millions de subventions de l'Etat.

NAVIGATION INTÉRIEURE

LOIS ET RÈGLEMENTS NOUVEAUX

LOI DU 3 DÉCEMBRE 1908 imposant aux Cies de Chemins de fer l'obligation d'établir des *raccordements avec les voies d'eau* soit par l'application du régime des *embranchements particuliers* aux concessionnaires ou propriétaires de l'outillage des ports, soit par l'établissement de bassins assurant l'*accès* des bateaux dans les gares. Il sera statué par le Conseil d'Etat sur les indemnités qui seraient réclamées pour le préjudice causé à ces Compagnies par l'application de cette loi.

LOIS DE FINANCES DU 26 DÉCEMBRE 1908, ART. 67, ET DU 8 AVRIL 1910, ART. 128, et LOI DU 7 AVRIL 1911, décidant que les *cours d'eau faisant partie du domaine public* ne pourront en être distraits qu'en vertu d'une loi et fixant un délai pour intenter les actions en reconnaissance de droits antérieurs.

DÉCRET DU 14 JANVIER 1909 modifiant les conditions *d'immatriculation des bateaux*.

LOI DE FINANCES DU 27 FÉVRIER 1912, ART. 67, créant un office national de la navigation intérieure.

STATISTIQUE

VOIES NAVIGABLES

ÉTAT AU 31 DÉCEMBRE 1910
LONGUEUR

	Classées.	Fréquentées.
Rivières navigables (kilomètres)..	8.720	6.200
Rivières flottables — ..	3.050	350
Canaux......... — ..	4.970	4.900
	16.740	11.450

DÉVELOPPEMENT PROGRESSIF
DES CANAUX LIVRÉS A LA NAVIGATION

En 1821....... 1.200 kilomètres (dont 630 concédés)
　　1847....... 3.750   —   (— 1.300. —)
　　1869....... 4.550   —   (— 1.000   —)
　　1871....... 4.150   —   (— 1.000   —)
　　1889....... 4.800   —   (—   850   —)
　　1910....... 4.970   —   (—   250   —)

EFFECTIF DE LA BATELLERIE
1° NON COMPRIS LES BATEAUX A VAPEUR

Années	Nombre	Port maximum en lourd
1887................	15.730	2.724.000 tonnes.
1891................	15.925	2.996.000 —
1896................	15.793	3.442.000 —
1902................	15.380	3.851.000 —
1907................	15.310	3.842.000 —

2° BATEAUX A VAPEUR (1907)

Destination	Nombre	Puissance des machines
Bateaux à voyageurs......	170	19.500 chevaux
Bateaux à marchandises...	103	11.700 —
Remorqueurs.............	284	40.700 —
Toueurs.................	53	5.300 —

DÉPENSES ET RECETTES

(Rivières et Canaux réunis)

DÉPENSES D'ÉTABLISSEMENT ET D'AMÉLIORATION (1)

De 1821 à 1847, moyenne annuelle : 19 millions.

1848 à 1860	—	—	8 —
1861 à 1878	—	—	17 —
1879 à 1887	—	—	51 —
1888 à 1905	—	—	16 —

En déduisant de ces sommes 125 millions pour travaux dans les estuaires des grands fleuves, intéressant la navigation maritime (accès de Rouen, Nantes, Bordeaux, etc.) plutôt que la navigation intérieure, on arrive à un total général d'environ 1.500 millions. Il conviendrait d'ajouter à ce chiffre environ 100 millions, dépensés depuis 1852 pour le rachat des concessions dont plusieurs canaux avaient été l'objet.

Dépense moyenne de 1906 à 1908 : 12 millions par an.

Dépense en 1909 : 17,3 —

— 1910 : 22,5 —

DÉPENSES D'ENTRETIEN ET D'ADMINISTRATION

Dépense annuelle : environ................ 19 millions.

RECETTES ANNUELLES (2)

Produits domaniaux (État).................... 3.000.000 fr.

Impôt sur les services de voyageurs.............. 100.000 —

Timbre des lettres de voiture................... 100.000 —

(1) Ces dépenses, effectuées par l'État, comprennent les fonds de concours, généralement peu importants, versés par les localités ; elles ne comprennent pas les dépenses faites par la Ville de Paris ou les autres concessionnaires sur les canaux concédés. Nous en avons retranché les dépenses faites en Alsace-Lorraine, mais nous y avons joint celles du canal de Tancarville (qui a été construit dans l'intérêt de la batellerie fluviale), bien qu'elles aient été imputées sur les crédits des ports maritimes.

(2) Ces recettes ne comprennent ni les péages et droits perçus par la Ville de Paris sur les canaux à elle concédés (1.300.000 fr.) et par la Chambre de Commerce de Saint-Dizier sur le canal de la Marne au Rhin (199.000 fr.), ni les taxes perçues par les Villes pour permis de stationnement et locations sur les rivières, ports et quais fluviaux.

TRAFIC DES VOIES NAVIGABLES

Marchandises ou années	Marchandises embarquées (tonnes)	Parcours moyen (kilomètres)	Parcours total (tonnes kilométriques)

NATURE DES MARCHANDISES TRANSPORTÉES (1910)

Combustibles minéraux....	11.369.000	217	2.464.000.000
Matériaux de construction..	11.948.000	77	919.000.000
Engrais et amendements...	1.368.000	79	108.000.000
Matières premières de la métallurgie...............	1.710.000	161	276.000.000
Bois à brûler (embarqués.	1.535.000	169	259.000 000
» ou de service (flottés....	107.000	43	5.000 000
Métaux et machines.......	755.000	306	231.000.000
Produits industriels.......	1.222.000	277	339.000.000
Produits agricoles et alimentaires...............	4.258.000	130	555.000.000
Divers...................	352.000	125	41.000.000
Totaux et moyennes.....	34.624.000	150	5.197.000.000

PROGRESSION DU TOTAL DES TRANSPORTS

1847...................	»	»	1.813.000.000
1855...................	»	»	2.040.000.000
1865...................	»	»	2.059.000.000
1875...................	»	»	1.964.000.000
1880...................	»	»	2.007.000.000
1885...................	19.573.000	125	2.453.000.000
1890...................	24.167.000	133	3.216.000.000
1895...................	27.174.000	139	3.766.000.000
1900...................	32.446.000	144	4.675.000.000
1905...................	34.030.000	149	5.085.000.000
1909...................	35.624.000	154	5.471.000.000
1910.....	34.624.000	150	5.197.000.000 (1)

(1) Diminution résultant de l'arrêt de la navigation au moment des inondations.

NAVIGATION MARITIME

LOIS ET RÈGLEMENTS NOUVEAUX

Loi du 14 juillet 1908 et décret du 9 janvier 1909 sur les *pensions des invalides de la Marine*. Relèvement du taux des pensions ; retenues sur les salaires des marins portées de 3 à 5 0/0 ; les armateurs doivent y ajouter une cotisation fixée à 3 0/0 des salaires.

Décret du 17 juillet 1908 relatif aux *brevets et diplômes* nécessaires pour participer au commandement des navires.

Décrets des 20 et 21 septembre 1908, 20 février et 26 mars 1909 et août 1910, portant règlement pour l'exécution de la loi du 17 avril 1907 sur la *sécurité de la navigation maritime* et la *réglementation du travail à bord des navires de commerce*.

Loi du 22 juillet 1909 autorisant le Gouvernement à *suspendre provisoirement l'application des lois qui réservent au pavillon français les transports entre la France et la Corse ou l'Algérie* en cas de grève et ordonnant l'institution d'un *Conseil permanent d'arbitrage* pour les différends d'ordre collectif entre les Cies de transports maritimes et leurs équipages. Décrets des 19 mars 1910 et 11 août 1911, réglant la constitution du Conseil permanent d'arbitrage.

Loi de finances du 8 avril 1910, art. 66, autorisant des *péages pour le séjour des navires désarmés* dans les ports.

Lois diverses prescrivant l'exécution de travaux neufs, savoir :

27 janvier 1909, *Marseille*, bassin nouveau évalué à 32 millions.

11 février 1909 et 16 avril 1910 : agrandissements et améiioration des accès : *Le Havre*, 86.600.000 fr.; *Rouen*, 16 millions.

3 février 1910, *Dunkerque*, nouvelle darse, 15 millions.

15 juillet 1910, *Bordeaux*, bassins et accès, 136.500.000 fr.

29 juin 1909 et 23 juillet 1911, *Boulogne*, améliorations, 15 millions.

30 juillet 1911, *Calais*, améliorations, 7 millions.

Loi du 28 février 1912, allouant aux voiliers arrivés au terme des primes allouées par la loi du 30 janvier 1893 une compensation d'armement de 3 centimes par jour sur la totalité de leur tonnage, jusqu'à leur 17e année.

Lois des 27 et 30 décembre 1911, approuvant des conventions qui organisent les *services maritimes postaux* sur les *Antilles*, l'*Amérique du Sud*, l'*Australie* et l'*Extrême-Orient*.

Décret du 19 janvier 1912 sur la *jauge des navires*.

Décret du 12 mars 1912 simplifiant les formalités des *enquêtes* d'utilité publique pour les travaux à exécuter dans les ports.

STATISTIQUE

PORTS MARITIMES

Nombre total d'après la statistique douanière.. **203**

DÉPENSES D'ÉTABLISSEMENT (1)

De 1822 à 1836, moyenne annuelle..... 3 millions.
1837 à 1859 — — ..... 8 —
1860 à 1878 — — ..... 14 —
1879 à 1887 — — ..... 34 —
1888 à 1905 — — ..... 18 —

En ajoutant à ces dépenses 125 millions pour les travaux exécutés dans les estuaires des grands fleuves, en vue de faciliter l'accès des ports maritimes de Rouen, Nantes, Bordeaux, et pour la construction du canal d'Arles à Saint-Louis, ón trouve, pour cette période, un *total général* approchant de 1.300 millions, non compris les dépenses faites pour l'outillage par les Chambres de commerce et les concessionnaires.

Dépenses moyennes de 1906 à 1908 : 20,5 millions par an.
Dépenses en 1909 : 25,8 millions
— *1910* : 23,2 —

DÉPENSES D'ENTRETIEN ET D'ADMINISTRATION (1)

Frais annuels, environ............ 15 millions.

RECETTES ANNUELLES (1910)

Péages {	Droit de quai...............	10.550.000
	Taxes locales	14.900.000
Droits divers sur la navigation..........		350.000
Taxes sanitaires........................		2.300.000
Timbres des connaissements...........		2.600.000
Revenus domaniaux (environ)..........		1.300.000
TOTAL GÉNÉRAL..........		32.000.000

(1) Y compris les frais du service des phares et balises et aussi ceux du service sanitaire dans les ports (environ 500.000 francs par an), mais non compris les dépenses du canal de Tancarville, qui figurent parmi celles des voies de navigation intérieure (page 7).

TRAFIC DES PORTS FRANÇAIS EN 1910

CABOTAGE (1)

MOUVEMENT DES NAVIRES

Navires chargés	Nombre de navires	Jauge nette (tonneaux)	Poids des cargaisons (tonnes)
Petit cabotage { Océan........	44.102	3.405.000	2.379.000
{ Méditerranée..	8.854	2.791.000	820.000
Grand cabotage..........	271	414.000	254.000
Totaux.......	53.227	6.610.000	3.453.000
Navires sur lest..........	17.788	1.330.000	
Totaux.......	71.015	7.940.000	
Navigation à vapeur (2)....	22.286	5.257.000	1.461.000

MARCHANDISES TRANSPORTÉES

Matériaux de construction..........	596.000	tonnes.
Houille et coke.....................	418.000	—
Minerais............................	133.000	—
Pétroles et Bitumes.................	104.000	—
Métaux et ouvrages en métaux.......	289.000	—
Bois communs et exotiques.........	156.000	—
Grains et farines...................	292.000	—
Vins, cidres, bières, eaux-de-vie et futailles..........................	384.000	—
Sucre brut et raffiné...............	61.000	—
Sel marin...........................	127.000	—
Divers.........................	893.000	—
Total......	3.453.000	tonnes.
Mutations d'entrepôt par mer.	208.000	—
Total général......	3.661.000	tonnes.

Chargement moyen des navires chargés, non compris les mutations d'entrepôts :

522 kilogrammes par tonneau de jauge nette.

(1) Réservé au pavillon français.
(2) Chiffres compris dans les totaux ci-dessus

RELATIONS DE L'ENSEMBLE DES PORTS FRANÇAIS AVEC L'ÉTRANGER ET LES COLONIES EN 1910

PAYS DE PROVENANCE OU DE DESTINATION (1)	ENTRÉE NAVIRES		ENTRÉE CARGAISONS		SORTIE NAVIRES		SORTIE CARGAISONS	
	NOMBRE	JAUGE NETTE (milliers de tonneaux)	POIDS (milliers de tonnes)	VALEUR (millions)	NOMBRE	JAUGE NETTE (milliers de tonneaux)	POIDS (milliers de tonnes)	VALEUR (millions)
Navires chargés								
Algérie et Tunisie	2.411	2.367	2.080	527	2.031	2.058	891	564
Angleterre	14.728	8.544	10.724	1.101	11.119	6.285	1.956	1.849
Autres pays d'Europe et de la Méditerranée	7.102	5.931	6.751	4.572	5.658	6.856	2.254	2.473
Long cours	3.455	9.640	4.755		2.406	6.722	1.279	
TOTAUX	27.696	28.682	24.310	6.200	20.914	21.921	6.380	4.886
Navires sur lest	2.557	618			9.302	7.513		
Escales (3)	3.384	3.519			3.453	3.487		
TOTAUX GÉNÉRAUX	33.634	32.819			33.369	32.921		
Détails sur les navires chargés								
Part du pavillon français	7.529	6.734	5.492	2.602	7.020	6.254	3.137	2.818
Navigation à vapeur { totale	24.547	28.070			47.909	21.524		
pav. français	6.074	6.475			5.760	6.083		

(1) Tout navire desservant les relations de la France avec plusieurs pays est porté au compte du pays le plus éloigné; les cargaisons sont portées d'après leur origine ou leur destination réelle.

(2) Non compris les provisions de bord prises en France, qui représentent { 1.273 mille tonnes valant 47 millions pour les navires français. { 279 ... 9 ... pour les navires étrangers.

(3) Tous les autres chiffres du tableau ne comprennent qu'une fois les navires venant de l'étranger ou des colonies ou y allant qui touchent plusieurs ports français; de là la nécessité de compter à part les escales faites dans les ports français autres que celui du premier, pour avoir un total complet.

RELATIONS DES PORTS FRANÇAIS AVEC L'ÉTRANGER ET LES COLONIES EN 1910

NATURE DES MARCHANDISES TRANSPORTÉES

Catégories de produits	Nombre de tonnes	
	Importées	Exportées
Produits animaux....................	612.000	239.000
Farineux alimentaires...............	2.936.000	500.000
Bois communs et exotiques...........	1.790.000	780.000
Fruits et graines...................	1.215.000	188.000
Boissons............................	1.040.000	275.000
Denrées coloniales et sucres...........	425.000	280.000
Autres produits végétaux............	1.137.000	601.000
Houilles et cokes...................	11.052.000	1.569.000
Pétroles et goudrons de houille.......	831.000	15.000
Autres produits minéraux............	1.319.000	1.119.000
Métaux.............................	1.051.000	1.043.000
Produits chimiques.................	590.000	398.000
Autres produits fabriqués...........	312.000	924.000
TOTAUX (1)...	**24.310.000**	**7.931.000**

(1) Y compris les provisions de bord.

Poids moyen des marchandises embarquées ou débarquées en France, par tonneau de jauge nette, pour l'ensemble des navires chargés.

Entrée... 847 kilogr.
Sortie { non compris les provisions de bord.. 291 —
{ y compris les provisions de bord.... 362 —

VOYAGEURS TRANSPORTÉS

(Entrées et sorties réunies)

Régions de provenance ou de destination	Nombre
Angleterre et Iles Anglo-Normandes.............	1.105.000
Corse, Algérie, Tunisie, Espagne et Italie...........	335.000
Levant, Asie, Océanie, Côte Orientale d'Afrique...	145.000
Amérique, Côte Occidentale d'Afrique...........	270.000
TOTAL...........	**1.855.000**

TRAFIC DES PRINCIPAUX PORTS EN 1910

Cabotage et trafic international réunis

PORTS	NAVIRES chargés et sur lest. Entrées (1) (tonneaux de jauge nette)	MARCHANDISES Entrées et sorties (tonnes)	VOYAGEURS de ou pour l'étranger et les colonies
Marseille	9.441.000	8.004.000	470.000
Le Havre........	4.769.000	3.926.000	178.000
Bordeaux (2).....	2.845.000	4.193.000	30.000
Dunkerque	2.332.000	3.379.000	»
Rouen..........	1.924.000	3.908.000	»
Cherbourg.......	4.077.000	281.000	60.000
Boulogne........	2.597.000	824.000	425.000
Calais	774.000	557.000	369.000
Saint-Nazaire	974.000	1.533.000	6.000
Nantes	993.000	1.586.000	»
La Rochelle-LaPal.	1.214.000	850.000	5.000
Cette..........	1.244.000	948.000	5.000
Dieppe	469.000	527.000	197.000
Caen	305.000	899.000	»
St-Malo-St-Servan.	364.000	583.000	43.000
Bayonne........	399.000	966.000	»
Port-Vendres	297.000	139.000	32.000
Autres ports.....	5.741.000	6.460.000	35.000
Totaux..	40.759.000	39.563.000 (3)	1.855.000

(1) Mouvement total à l'entrée, y compris les escales.

(2) Nous avons réuni au trafic de Bordeaux le trafic international relevé par la douane à Pauillac, parce que les navires venant de l'étranger sont mis en déclaration indifféremment à l'un ou à l'autre port ; le cabotage de Pauillac ne comprend guère que le trafic intérieur entre la rade et Bordeaux, de sorte que nous ne l'avons pas porté en compte.

(3) Dans ce total (qui comprend les provisions de bord) entrent 3.661.000 tonnes de marchandises transportées par le cabotage qui sont comptées à la fois au port d'entrée et au port de sortie.

PROGRESSION DU TRAFIC DE L'ENSEMBLE DES PORTS MARITIMES FRANÇAIS

ANNÉE	CABOTAGE		TRAFIC AVEC L'ÉTRANGER ET LES COLONIES								COMMERCE GÉNÉRAL DE LA FRANCE PAR TERRE ET PAR MER (entrées et sorties)	
	NAVIRES chargés et sur lest Entrées ou sorties	POIDS des marchandises transportées	NAVIRES chargés et sur lest. MOYENNE des entrées et sorties (1)	TRANSPORTS PAR MER				PART DU PAVILLON FRANÇAIS dans le mouvement total				
				IMPORTATIONS		EXPORTATIONS (2)		des navires	des marchandises			
				Poids	Valeur	Poids	Valeur	Tonnage	Poids	Valeur	Poids	Valeur
	Milliers de tonneaux	Milliers de tonnes	Milliers de tonneaux nets	Milliers de tonnes	Millions de francs	Milliers de tonnes	Millions de francs	%	%	%	Milliers de tonnes	Millions de francs
1845	3.390	2.206	2.331	»	873	»	863	36	»	46,5	»	2.427
1855	3.392	2.232	3.343	»	1.412	»	1.692	38	»	41,5	»	4.327
1865	3.698	2.223	5.233	4.761	2.321	2.568	3.000	40	42	46,5	15.665	7.614
1875	3.977	2.022	8.358	7.784	2.893	3.539	3.207	32,5	33	41	21.328	9.269
1885	5.009	2.445	13.010	12.044	3.317	3.692	2.668	35,5	34	44,5	28.140	8.889
1895	6.648	2.872	13.955	13.789	3.457	5.278	3.476	30,5	33	50	33.278	9.509
1905	7.953	3.318	22.058	17.650	4.144	7.290	3.988	25	33	46,5	44.127	12.363
1909	7.932	3.349	28.374	23.029	5.359	7.796	4.612	24	31	48	54.539	15.339
1910	7.940	3.453	29.367	24.310	6.200	7.931	4.942	23,5	30	49	58.100	17.207

(1) En ne comptant qu'une fois les navires ayant fait escale successivement dans plusieurs ports français.
(2) Y compris les provisions de bord.

TRAFIC MARITIME DES DIVERS PAYS

DÉVELOPPEMENT COMPARÉ

du mouvement des navires venant de l'étranger et des colonies

TONNAGE TOTAL A L'ENTRÉE DES PORTS DES PRINCIPAUX PAYS

Navires chargés et sur lest

(Milliers de tonneaux de jauge nette)

PAYS	1865	1875	1885	1895	1905	1909	1910
Angleterre (1).	14.318	22.693	31.862	40.002	55.624	66.309	66.650
France (1).....	5.228	8.270	12.791	13.779	21.887	28.212	29.300
Allemagne (1).	»	5.381	8.254	12.032	19.113	22.246	»
Belgique.. ...	921	2.444	4.072	6.868	11.616	14.283	15.101
Hollande......	1.472	2.326	4.137	6.773	11.742	13.909	14.035
Suède........	»	2.920	4.536	6.117	9.113	10.086	»
Norwège......	1.417	1.806	2.360	2.624	4.062	4.494	4.952
Danemark	516	1.874	3.106	4.212	6.842	8.056	8.177
Russie d'Eur (2)	2.327	4 096	5.403	9.576	10.852	13.215	»
Autr-Hongr. (3)	3.182	4.313	6.664	2.885	5.362	5.847	»
Italie (4)......	3.256	3.833	5.903	8.259	20.131	25.834	»
Espagne (5)...	1.411	2.941	7.469	12.902	16.595	20.027	21.488
Portugal.....	»	»	3.648	6.258	13.280	18.568	»
Etats-Unis (6)..	6.161	11.693	12.288	16.725	24.793	30.243	30.917

(1) Le mouvement du cabotage (navires chargés et sur lest) s'est élevé, en 1909, aux chiffres suivants :

Angleterre......................	60 566.000 tonneaux.
France	7.940.000 —
Allemagne	6.230.000 —

(2) Avec les ports caucasiens de la mer Noire depuis 1895, sans la Finlande.

(3) Autriche, plus le port de Fiume ; les chiffres des années 1865, 1875 et 1885 comprennent le cabotage ; l'application du même mode de calcul en 1895 aurait donné 11 millions de tonneaux environ.

(4) Les bases des statistiques italiennes ont été modifiées depuis 1895 par l'introduction des escales des compagnies étrangères laissées jusque-là en dehors. L'application en 1895 du mode de calcul adopté en 1905 aurait donné un mouvement d'environ 11 millions de tonneaux.

(5) Les navires qui font plusieurs escales sont comptés pour chacune d'elles.

(6) Année finissant au 30 juin.

DÉVELOPPEMENT COMPARÉ
du trafic des principaux ports de l'Europe occidentale

TONNAGE TOTAL DES NAVIRES A L'ENTRÉE
(Milliers de tonneaux de jauge nette)

PORTS (1)	1865	1875	1885	1895	1905	1909	1910
Marseille.....	1.770	2.534	4.053	4.479	7.761	9.047	9.444
Le Havre.....	920	1 672	2.331	2.552	3.884	4.636	4.769
Bordeaux (2)..	727	1.096	1.665	1 646	2.052	2.693	2.845
Dunkerque...	377	643	1.071	1.343	2.071	2.234	2.332
Liverpool	4.300	6.430	7.677	8.675	11.015	14.039	14.313
Londres (3)...	6.800	8.804	12.204	14.991	17.189	19.293	19.737
Anvers........	652	1.835	3.443	5.322	9.817	11.940	12.654
Rotterdam ...	853	1 654	2.120	4.177	8.339	9.650	10.659
Amsterdam...	397	409	981	1.022	2.066	2.487	»
Brême (4)....	477	846	1.289	2.183	3.350	3.958	4.130
Hambourg....	1.223	2.118	3.704	6.255	10.382	12.184	12.657
Gênes.......	1.200	1.512	2.675	3.852	6.445	7.738	7.582

(1) Les navires faisant escale dans plusieurs ports du pays n'étaient comptés qu'au premier, en France jusqu'en 1895 et en Angleterre jusqu'en 1905 : les entrées de navires ayant déjà fait escale, qui sont comprises pour la première fois dans les chiffres du tableau concernant les ports français en 1905 et dans les chiffres concernant les ports anglais en 1909, ont atteint, pour ces années :

Ports.......	Marseille	Le Havre	Bordeaux	Dunkerque	Liverpool	Londres
Tonneaux...	317.000	405.000	261.000	214.000	3.126.000	1.217.000

Pour les ports étrangers, les chiffres de 1865 sont approximatifs, les statistiques publiées à cette date n'étant pas dressées comme les plus récentes.

(2) Pour Bordeaux, voir la note 2, page 14.

(3) L'Administration de la Tamise et des docks de Londres a été transférée à une autorité spéciale unique en 1909.

(4) Ensemble des navires entrés dans les divers ports de la Weser pour le compte des maisons de Brême.

TRAFIC DU CANAL DE SUEZ

ANNÉES	Nombre de navires passés	Tonnage net (milliers de tonneaux)	Nombre de passagers (milliers)	Recettes du transit (millions)
1875..................	1.494	2.010	84	27
1885..................	3.624	6.336	206	62
1895..................	3.434	8.448	216	78
1905..................	4.116	13.134	253	113
1909 (1).............	4.239	15.408	213	120
1910..	4.533	16 582	234	130
1911.............. .	4.969	18.325	275	134

(1) Entre 1905 et 1909, la taxe a été abaissée de 8 fr. 50 à 7,75 par tonneau ; elle est réduite à 7 fr. 25 pour 1911, à 6,75 pour 1912 et à 6,25 pour 1913.

2

MARINE MARCHANDE

EFFECTIF DE LA MARINE FRANÇAISE AU 31 DÉCEMBRE 1910

EMPLOI DES NAVIRES	NAVIRES A VOILES		NAVIRES A VAPEUR		HOMMES D'ÉQUIPAGE
	Nombre	Tonnage net	Nombre	Tonnage net	Nombre
Pêche côtière, petite pêche et grande pêche.	29.750	179.470	342	13.584	91.224
Marine marchande					
Bornage et cabotage.	1.385	75.384	169	18.707	5.833
Navigation dans les mers de l'Europe..	168	15.213	261	255.891	7.684
Long cours.........	253	370.723	229	506.748	17.010
Pilotage, service des ports.............	343	3.434	515	10.813	3.981
Yachts, navires sans emploi	1.400	16.320	250	9.824	1.315
Totaux pour la marine marchande.	3.549	481.074	1.384	801.983	35.820(1)
Tonnage brut total pour la marine marchande.......	»	620.746	»	1.400.447	»

(1) Dont 9.860 mécaniciens et chauffeurs.

SACRIFICES DE L'ÉTAT EN 1910

pour le développement de la marine marchande

Subventions aux services postaux (1).............	26,1 millions
Primes à la construction....................	8,8 —
Primes à la navigation et navires à voiles...	9,2 —
compensation d'armement navires à vapeur..	17,1 —
Subvention à la Caisse des Invalides de la Marine (2).	15,9 —
Total...................	77,1 millions

(1) Une petite fraction de ces subventions représente seule en réalité le payement des transports effectués pour la Poste par les paquebots.
(2) Cette subvention profite au personnel des pêcheurs, dans la proportion de 72 % environ.

DÉVELOPPEMENT PROGRESSIF DE LA MARINE MARCHANDE FRANÇAISE DEPUIS 1845

ANNÉES	NAVIRES A VOILES		NAVIRES A VAPEUR			ENSEMBLE	
	Nombre	Tonnage net	Nombre	Tonnage net	Force des machines : chevaux-vapeur	Nombre	Tonnage net
1845......	7.537	557.000	103	9.000	»	7.640	566.000
1855......	7.968	785.000	225	45.000	24.000	8.193	830.000
1865......	6.092	725.000	385	108.000	48.000	6.477	833.000
1875......	5.438	681.000	524	205.000	71.000	5.962	892.000
1885......	3.849	371.000	922	492.000	213.000	4.771	863.000
1895......	3.218	252.000	1.164	500.000	467.000	4.382	752.000
1905......	3.468	518.000	1.266	705.000	849.000	4.734	1.223.000
1909......	3.507	485.000	1.350	792.000	1.074.000	4.857	1.277.000
1910......	3.549	481.000	1.384	802.000	1.406.000	4.933	1.289.000

NOTA. — De 1835 à 1865, les chiffres donnés par les statistiques renferment les navires affectés à la grande pêche, qui n'y figurent plus depuis 1875; leur nombre, en 1875, était de 393, jaugeant 49.500 tonneaux; il a été, en 1910, de 355, jaugeant 53.121 tonneaux, avec 8.651 hommes d'équipage.

Entre 1885 et 1895, les modifications apportées au calcul du tonnage net en ont diminué le total, pour les mêmes navires, d'environ 24 p. 100 pour les navires à vapeur et 15 p. 100 pour les voiliers; la modification, en sens inverse, réalisée en 1904, a relevé le tonnage net de 10 p. 100 pour les navires à vapeur et de 14 p. 100 pour les voiliers, ce qui laisse subsister, par rapports aux procédés employés en 1885, une réduction de 13 p. 100 pour les navires à vapeur et de 3 p. 100 seulement pour les voiliers. Ces changements expliquent les divergences entre la progression inscrite à ce tableau et celle qui figure au tableau de la page suivante, pour le tonnage brut.

DÉVELOPPEMENT DE LA MARINE MARCHANDE DES PRINCIPAUX PAYS DEPUIS 1876

Navires inscrits au répertoire de la marine marchande (Bureau Véritas). Situation au début de chaque année.

PAYS	NAVIRES A VAPEUR DE PLUS DE 100 TONNEAUX (net) Tonnage brut (milliers de tonneaux)					NAVIRES A VOILES DE PLUS DE 50 TONNEAUX (net) Tonnage net (milliers de tonneaux)					CONSTRUCTION EN 1910 (milliers de tonneaux)	
	1876	1886	1896	1906	1911	1876	1886	1896	1906	1911	Vapeurs de plus de 100 tonneaux bruts	Voiliers de plus de 50 tonneaux bruts
France.........	334	744	993	1.234	1.471	725	386	253	318	470	45	5
Angleterre...	3.563	6.544	10.246	13.748	18.122	5.807	4.654	3.268	1.807	1.418	1.413	9
Allemagne...	227	602	1.360	3.413	3.893	875	850	567	517	433	142	4
Pays-Bas....	135	211	321	686	1.011	400	276	140	83	74	52	5
Norwège....	56	147	495	1.147	1.533	1.411	1.374	1.176	755	654	31	»
Suède.	89	137	234	624	810	399	404	286	260	485	7	1
Danemark...	61	128	249	577	661	189	155	150	114	89	10	2
Russie......	106	165	277	763	824	392	469	363	363	539	»	»
Autr.-Hongr.	81	135	254	603	818	339	193	68	16	11	17	»
Italie........	98	204	345	774	1.040	1.292	825	472	488	372	20	3
Espagne.....	176	400	519	664	742	557	270	167	83	47	3	»
Etats-Unis (1)	790	502	762	1.761	1.955	2.390	2.060	1.358	1.499	1.305	101	16
Japon.......	»	92	314	963	1.202	»	30	33	167	174	30	»
TOTAL pour l'ensemble du globe (2)	5.687	10.404	17.089	30.256	35.969	15.553	12.571	9.437	7.550	6.453	4.582	43
NOMBRE TOTAL des navires (2)	5.771	8.475	11.155	14.656	15.852	58.208	42.545	29.348	26.579	23.27	699	256

(1) Non compris les navires naviguant sur les grands lacs, qui figurent habituellement dans les statistiques américaines.
(2) Pour la construction, les totaux ne concernent que les pays inscrits au tableau, plus la Belgique (8.000 t au vapeur).

CHEMINS DE FER ET TRAMWAYS

LOIS ET RÈGLEMENTS NOUVEAUX

LOI DU 13 JUILLET 1908 autorisant le *rachat du réseau de l'Ouest.*

LOI DU 18 DÉCEMBRE 1908 décidant que l'*exploitation du réseau racheté* sera soumise aux règles déjà établies pour l'administration des Chemins de fer de l'Etat, et qu'elle fera l'objet d'un *budget annexe spécial.* La prise de possession du réseau par l'État a eu lieu le 1er janvier 1909.

LOI DU 21 DÉCEMBRE 1909 approuvant une convention qui fixe à l'amiable *le prix du rachat du réseau de l'Ouest :* l'Etat paye une annuité égale au montant du dividende garanti aux actionnaires, ajouté aux sommes nécessaires pour assurer le service des obligations; la Compagnie garde son domaine privé et toutes autres revendications sont abandonnées de part et d'autre.

LOI DU 21 JUILLET 1909 relative aux conditions de *retraites du personnel des grandes Compagnies et des chemins de fer de l'Etat,* ouvrant le droit à pension à partir de 50 ans d'âge pour les mécaniciens, de 55 ans pour les autres agents du service actif et de 60 ans pour les employés de bureau ; minimum des pensions fixé à la moitié du dernier traitement après 25 ans d'affiliation à la Caisse des retraites, avec 1/50e en sus par année en plus. LOI DU 28 DÉCEMBRE 1911, réglant les conditions de *rétroactivité* de la précédente.

DÉCRETS DES 31 MAI 1910, 23 FÉVRIER ET 13 MAI 1911 ET DES 1er JUIN 1910 ET 24 MAI 1911, modifiant la composition du *Comité consultatif* et du *Comité de l'exploitation technique des chemins de fer.*

LOI DE FINANCES DU 8 AVRIL 1910, ART. 126, soumettant à l'approbation du Ministre les règlements des *caisses de retraites* des réseaux secondaires de chemins de fer et de tramways et prescrivant l'insertion, dans les actes de concession futurs, de clauses relatives aux *conditions du travail et aux retraites du personnel.*

LOI DE FINANCES DU 13 JUILLET 1911, ART. 41 à 69, organisant l'*administration des deux réseaux des chemins de fer de l'Etat,* avec une Direction commune, un Conseil consultatif et deux budgets distincts. Des *obligations* seront émises par l'État pour couvrir les dépenses d'établissement. Le budget annuel du réseau racheté comprendra en dépenses l'annuité de rachat et l'intérêt des obligations nouvelles, en recettes les annuités qui seraient dues par l'Etat si la convention de 1883 était restée en vigueur. Le budget de l'ancien réseau supportera une part des charges du capital calculée également dans le système des conventions de 1883.

LOI DU 24 JANVIER 1912, approuvant une convention passée pour le *remboursement de la dette de la Cie de l'Est.*

STATISTIQUE

SITUATION DU RÉSEAU FRANÇAIS

LONGUEUR DES LIGNES

AU 31 DÉCEMBRE 1910

CATÉGORIE DES VOIES.	Longueur exploitée	Longueur concédée
Chemins de fer d'intérêt général.	Kilomètres	Kilomètres
Grandes Compagnies (1)............	30.112	31.950
Compagnies secondaires (2)........	1.132	1.280
Réseau d'Etat.....................	8.851	9.300 (3)
Lignes affermées ou en régie	328	470
TOTAL............	40.423	43.000
Chemins de fer d'intérêt local et tramways :		
avec service de petite vitesse (2)...	14.900	20.800
sans service de petite vitesse (4)...	2.750	2.800
TOTAL GÉNÉRAL (5)	58.073	66.600
Lignes simplement classées, environ.	»	700

NOTA. — Les longueurs sont données déduction faite des doubles emplois résultant des emprunts des voies d'une compagnie par une autre administration exploitante.

(1) Y compris les deux ceintures et 180 kilom. de lignes concédées à de petites compagnies, mais exploitées par celle de l'Est.

(2) Lignes à voie étroite, en majeure partie.

(3) Y compris toutes les lignes classées dans la région desservie par le réseau de l'Etat.

(4) Y compris le chemin de fer métropolitain de Paris, les chemins de fer funiculaires ou à crémaillère, les tramways qui transportent des messageries sans faire le service de la petite vitesse et ceux où le service de petite vitesse, bien que prévu par l'acte de concession, ne fonctionne pas en fait.

(5) Non compris 350 kilom. environ de *chemins de fer industriels et miniers*, dont 117 ouverts au service public, et 350 kilom. environ de *voies ferrées établies sur les quais des ports.*

DÉPENSES D'ÉTABLISSEMENT

AU 31 DÉCEMBRE 1910

Lignes d'intérêt général :   Millions

Dépenses faites au 1er janvier 1910, sur les lignes d'intérêt général en exploitation à cette date ou ouvertes en 1910 }
par l'Etat (1)........... 7.424
par les Compagnies (2).. 10.191
par les localités........ 259

TOTAL................. 18.874

Dépenses faites au cours de l'année 1910, sur les lignes en exploitation ou en construction...................... 380
Dépenses faites antérieurement à 1910, sur les lignes encore en construction à la fin de cette année, environ.. 100

Chemins de fer d'intérêt local et tramways (3).
Avec service de petite vitesse........................ 980
Sans service de petite vitesse........................ 1.360

TOTAL GÉNÉRAL 21.694

Dans ce chiffre, le *matériel roulant* entre pour près de 4 milliards.

(1) Y compris 1.926 millions dépensés par l'ancienne Cie de l'Ouest, — 100 millions qui avaient été dépensés par la Cie d'Orléans sur les lignes cédées par elle en 1883 à l'Etat et dont le budget supporte en partie les charges, sous la forme d'une annuité due comme soulte pour les échanges de lignes réalisés par la convention passée à cette époque, — enfin les dépenses prises à leur charge par les grandes Compagnies, en remboursement d'avances reçues de l'Etat par le jeu de la garantie d'intérêts, savoir : Est 129 millions, Orléans 210, Midi 34 (avances antérieures à 1883) et P.-L.-M. 151 millions (avances postérieures à 1883).
(2) Les dépenses des Compagnies comprennent les intérêts pendant la construction et même les insuffisances ajoutées au compte d'établissement pendant les premières années d'exploitation. quand les conventions l'autorisent. Les dépenses des anciennes Compagnies évincées n'y figurent pas, les sommes qui leur ont été versées pour la reprise de leurs lignes étant seules comptées dans les dépenses des Compagnies ou dans celles de l'Etat, suivant les cas.
(3) Y compris une partie des dépenses faites sur les lignes non ouvertes à l'exploitation faisant partie de réseaux partiellement exploités pendant l'année, notamment pour le Nord-Sud et le Métropolitain de Paris. Ils ne comprennent pas la partie des dépenses faites par les anciennes Compagnies évincées qui ne leur a pas été remboursée par les Compagnies qui leur ont succédé, ni les dépenses qui ont été rayées du compte d'établissement de certaines Compagnies ; le capital des tramways de Paris a été ainsi réduit d'environ 75 millions, soit par des faillites anciennes, soit par des réductions du capital des Compagnies en mauvaise situation. Le chiffre relatif aux lignes sans P. V. comprend les dépenses du réseau Nord-Sud de Paris.

CHARGES ET BÉNÉFICES DE L'ÉTAT
provenant des chemins de fer et tramways
EXERCICE BUDGÉTAIRE 1910

TRAVAUX NEUFS
- Réseaux de l'Etat........ 82 millions.
- Avances des Compagnies.. 47 —
- Réseaux secondaires...... 4 —

DÉPENSES ANNUELLES

Frais généraux de contrôle................	5 millions.
Intérêts de capitaux empruntés directement pour travaux et subventions en capital (1).	129 —
Annuités versées aux Compagnies, pour capitaux fournis par elles ou échanges de lignes(2).	89 —
Annuité de rachat du réseau de l'Ouest......	116 —
Garanties d'intérêts aux réseaux d'intérêt général pour les années antérieures (3)......	12 —
Garanties d'intérêts aux réseaux d'intérêt local et aux tramways..................	10 —
TOTAL DES DÉPENSES ANNUELLES.......	361 millions.

RECETTES ET ÉCONOMIES

Produit net des lignes exploitées par l'Etat......	62 millions.
Remboursement d'avances de garantie et partages de bénéfices avec les grandes Cies (3)..........	11 —
Remboursement des frais de contrôle..........	5 —
Impôts sur les transports — Voyageurs et bagages...........	80 —
— Timbre des récépissés..........	46 —
Impôts sur les titres (ancien Ouest compris) — Timbre.................	12 —
— Droits de transmission........	20 —
— Impôt sur le revenu..........	31 —
Economies pour les services publics — Postes et télégraphes..........	70 —
— Militaires et marins............	39 —
— Douanes et Cont^{ons} indirectes...	4 —
TOTAL.........	380 millions.

(1) Calcul fait en 1894 par l'Inspection des Finances.
(2) Non compris l'annuité servie à la Cie de l'Est pour la partie de son réseau qui a été cédée à l'Allemagne en 1871, partie dont le prix a été compris dans l'indemnité de guerre, — et déduction faite d'une annuité payée à la Cie P.-L.-M. pour ses lignes algériennes.
(3) Les versements faits par le Trésor aux Cies ou par les Cies au Trésor en 1910 ont eu pour objet : 1° le paiement d'acomptes sur les sommes dues pour l'année d'exploitation 1909 ; 2° le règlement des soldes afférents aux années d'exploitation antérieures définitivement réglées.

ÉLÉMENTS PRINCIPAUX DU TRAFIC

CATÉGORIES de transports	Nombre d'unités transpor- tées (1) — (Millions de têtes, de pièces ou de tonnes)	Parcours moyen (1) — (Kilom.)	Parcours total — (Millions de tonnes ou de voyageurs kilométri- ques)	Tarif moyen par kilomètre — (Centimes)	Recette brute — (Millions de francs)
1° CHEMINS DE FER D'INTÉRÊT GÉNÉRAL (ANNÉE 1910)					
Voyageurs.........	508,6	33	16. 907	3,50	592,4
Excédent de bagages et chiens (2)......	0,6	»	»	»	24,6
Colis postaux (pièces).	68,1	»	»	»	53,6
Messageries et animaux en grande vitesse (3)	4,5	»	»	»	138,2
Marchandises à la ton- ne en petite vitesse.	173,2	127	21.984	4,27	938,7
Animaux et voitures en petite vitesse (3).	2,9	127	369	»	51,3
Recettes annexes (loca- tions de matériel, fac- tage et camionnage, péages encaissés, etc).	»	»	»	»	29,4
TOTAL DES RECETTES..					1.828,2
2° CHEMINS DE FER D'INTÉRÊT LOCAL ET TRAMWAYS (ANNÉE 1909)					
Avec service de petite vitesse					
Voyageurs	59,4	11,2	666	4,55	30,3
Accessoires de G. V.	0,2	»	»	»	4,8
Marchandises P. V..	11,4	18,2	207	10,10	20,9
Accessoires P.V. (1).	0,2	»	3,9	»	1,4
Recettes diverses...	»	»	»	»	1,2
TOTAL DES RECETTES..	»	»	»	»	58,6
Sans service de petite vitesse					
Voyageurs........	1,340	»	»	»	166,2
Recettes acc. et div.	»	»	»	»	4,9

(1) Voir note 1, p. 28.
(2) Non compris 805.000 tonnes de bagages transportés en franchise.
(3) Nombres de tonnes calculés en faisant la conversion pour les voitures et animaux d'après une évaluation moyenne. Les recettes comprennent le produit du magasinage et des services accessoires.

RÉSULTATS DE L'EXPLOITATION DES RÉSEAUX D'INTÉRÊT GÉNÉRAL EN 1910

RÉSEAUX	LONGUEUR moyenne exploitée	CAPITAL D'ÉTABLISSEMENT Dépenses des Cies (1)	État et localités	RECETTES BRUTES (impôt déduit) Voyag.	Access. G.V.	March. P.V.	Totales (2)	DÉPENSES d'exploitation	PRODUIT net (3)	COEFF. d'exploitation	RECETTES par kilomètre	TARIF MOYEN par kilomètre Voyag. (4)	march. P.V.
	kilom.	millions	millions	millions	millions	millions	millions	millions	millions	0/0	francs	centimes	centimes
Etat ancien......	2.967	»	915	20,1	9,2	33,2	63,1	52,4	10,7	83,1	21.300	2,92	5,14
Ouest-Etat......	5.958	»	2.726	94,2	27,2	101,1	227,6	180,9	46,7	79,5	38.200	3,21	5,22
Nord...........	3.803	1.844	102	96,5	27,8	165,3	293,4	170,9	122,5	58,3	77.200	3,52	3,65
Est............	4.939	1.800	709	74,3	25,7	151,7	255,8	146,7	109,1	57,4	51.800	3,18	3,80
Orléans........	7.744	2.276	901	89,8	37,3	153,3	285,5	157,6	127,9	55,2	36.900	3,44	4,54
P.-L.-M........	9.562	4.296	1.068	165,7	75,4	287,6	534,7	287,6	247,1	53,8	55.900	3,88	4,31
Midi...........	3.892	1.151	582	43,1	12,7	75,1	133,5	75,4	58,1	56,5	34.300	3,42	4,53
Ceintures......	158	93	36	4,5	0,6	13,7	19,2	17,9	1,3	94	121.000	2,35	6,86
Réseaux sec....	1.461	252	121	4,2	0,8	9.	15,4	9,4	6	61,1	10.600	3,77	8,46
TOTAUX (5)..	40.300	11.714	7.160	592,4	216,4	990.	1.828,2	1.098,2	729,4	60,1	45.300	3,46	4,27

(1) Nous avons compris ici dans les dépenses des compagnies les sommes empruntées par elles pour le remboursement de leur dette de garantie, de manière à faire apparaître le total des capitaux à rémunérer par chacune d'elles. Les dépenses des petites compagnies comprennent 19 millions afférents aux lignes exploitées par l'Est ; celles de l'Ouest-Etat comprennent 26 millions afférents à la ligne d'Amiens à Rouen, exploitée par le Nord, et 51 millions afférents à la Ceinture rive gauche, exploitée par le syndicat des deux Ceintures.

(2) Y compris les recettes diverses qui ne figurent pas dans les trois colonnes précédentes et le produit net du service maritime de l'Ouest-Etat.

(3) Sur le produit net, l'Est a versé 1 million dont il exploite les lignes ; le Nord a versé 1.239.000 fr. à l'Ouest-Etat pour sa part des recettes de la ligne d'Amiens à Rouen qui lui a été concédé en commun avec l'ancienne compagnie ; la participation au compte des Ceintures, qui se solde en perte pour les autres compagnies, s'est traduite pour l'Ouest-Etat par une recette annexe de 487.000 francs.

(4) Moyennes extraites des statistiques officielles, ne comprenant pas les recettes supplémentaires faites en cours de route (en moyenne 0,04 par km.).

(5) La longueur est calculée déduction faite des doubles emplois résultant des emprunts des voies d'un réseau par les services d'un autre réseau.

SITUATION FINANCIÈRE DES GRANDES COMPAGNIES

RÉSEAUX	Nombre d'actions émises	DIVIDENDES (1)			VERSE-MENTS au Trésor pour 1910	DETTE de garantie au 31 déc. 1910		VALEUR d'achat du matériel (3)
		résultant de la garantie	réserves avant partage	distri-bués pour 1910 (2)		capital	intérêts	
	milliers	francs	francs	francs	millions	millions	millions	millions
Nord..	525	54,10	88,50	72	»	»	»	549
Est....	584	35,50	50,50	35,50	18	169	40	479
Orléans	600	56	72	59	— 6	153	80	415
P.-L.-M	800	55	67,50	56·	»	»	»	890
Midi...	250	50	60	50	— 6,2	199	109	246

(1) Dans le dividende distribué par le Nord entrent pour 20 francs environ les bénéfices des lignes belges. Celui de l'Orléans comprend 3 francs pris sur l'intérêt des réserves appartenant aux actionnaires.
(2) Remboursement d'avances de garantie ou partage de bénéfices, d'après les résultats de l'exploitation de 1909. Le signe — indique les appels à la garantie de l'Etat.
(3) Le matériel des deux réseaux d'Etat a coûté 496 millions et celui des Ceintures et des lignes secondaires d'intérêt général 35 millions.

SITUATION DU CAPITAL ET DES EMPRUNTS

	GRANDES COMPAGNIES (1) Année 1910		Cies SECONDAIRES(2) Année 1909	
	actions	obliga-tions	actions	obliga-tions
Milliers de titres émis.........	3.059	42.564	3.768	1.897
Valeurs en millions				
Capital réalisé au 31 décembre..	1.470	14 838	939	786
Capital total à amortir........	1.477	21.476	942	928
Capital amorti au 31 décembre	199	3.935	44	176
Sommes consacrées dans l'année { aux dividendes ou intérêts......	156	521	30	24
{ à l'amortissement	11	191	3	5
Capital réalisé par les émissions faites dans l'année..........	»	272	»	»

(1) Y compris les deux Ceintures et la Compagnie de l'Ouest en liquidation.
(2) Intérêt général, intérêt local et tramways.

DÉTAILS STATISTIQUES SUR L'EXPLOITATION
DES CHEMINS DE FER FRANÇAIS D'INTÉRÊT GÉNÉRAL EN 1910

DÉCOMPOSITION DU TRAFIC (1)

VOYAGEURS	Nombre (millions)	Parcours total (millions de km).	Recettes (2) (millions)
1re classe et places de luxe..	20,6	1.316	88,8
2e classe (3)....	109,7	3.451	144,2
3e classe...................	378,3	12.140	352,3
TOTAUX.......	508,6	16.907	585,3

MARCHANDISES A LA TONNE EN PETITE VITESSE	Millions de tonnes	Parcours total (millions de km.)
Céréales et farines......................	11,5	»
Vins, esprits, boissons..................	9,3	»
Autres denrées alimentaires.............	7,9	»
Métaux.................................	13,8	»
Matières premières et objets manufacturés	23	»
Matériaux de construction...............	24,8	»
Engrais et amendements.................	8,7	»
Divers.................................	25,7	»
Houilles et cokes......................	48,5	5.019 (4)
	173,2	21.984

DÉCOMPOSITION DES DÉPENSES D'EXPLOITATION

CATÉGORIE	Dépenses totales (millions)	Par kilomètre de train (francs)
Administration et caisses de retraites	97,7	0,26
Exploitation et mouvement........	360,3	0,93
Traction et matériel..............	420,5	1,08
Voie et bâtiments.................	193,2	0,50
Divers...........................	27,1	0,07
DÉPENSES TOTALES............ ..	1.098,8	2,84
RECETTES D'EXPLOITATION	1.828,2	4,72

(1) Le nombre de voyageurs et de tonnes donné par les statistiques est le total des nombres relevés séparément sur chaque réseau ; les transports communs sont ainsi comptés comme autant de transports distincts qu'ils ont emprunté de réseaux, de sorte que la statistique donne des chiffres *supérieurs* pour le nombre d'unités, et *inférieurs* pour le parcours moyen, aux chiffres réels.

(2) Non compris les recettes supplémentaires, faites en cours de route et non réparties par classe, montant à 7.100.000 francs pour les trois classes réunies.

(3) Les voyageurs de la petite Ceinture et des lignes de la banlieue de Paris, sur lesquelles il n'existe pas de 3e classe, entrent, dans le trafic total de la 2e classe, pour près des deux tiers comme nombre et du cinquième comme parcours effectué, et dans celui de la 1re classe pour près de moitié comme nombre et du quinzième comme parcours.

(4) La recette due aux transports de houilles et cokes s'est élevée à 154 millions, faisant ressortir la taxe moyenne à 3 c. 07 par tonne kilométrique pour ces marchandises.

EFFECTIF DU MATÉRIEL ; PARCOURS ; CHARGEMENT DES TRAINS

NATURE DES VÉHICULES	NOMBRE	PARCOURS TOTAL (millions de kilom.)
Machines.........................	12.840 (1)	478
Voitures à voyageurs......	30.467	1.596
Fourgons et wagons.......	348.714	5.489

NATURE DES TRAINS	PARCOURS TOTAL (millions de kilomètres)
Trains de voyageurs......................	211,6
Trains mixtes..........................	39,8
Trains de marchandises....................	133,4
Trains de service	2,3
TOTAL.	387,1

VOYAGEURS (2)

Nombre moyen de places offertes par kilomètre de train : 350

— occupées — 73

MARCHANDISES EN PETITE VITESSE (2)

Nombre moyen de tonnes transportées, par kilomètre de train : 146.

PERSONNEL

SERVICES	EFFECTIF	Dans le total sont compris	
		FEMMES	AUXILIAIRES payés à la journée
Administrations centrales..	3.257		
Mouvement et trafic......	149.050		
Matériel et traction.........	97.660		
Voie et bâtiments..........	89.065		
TOTAL (3)........	339.032	30.619	87.006 (3)

MATÉRIEL ET PERSONNEL
DES CHEMINS DE FER D'INTÉRÊT LOCAL ET DES TRAMWAYS EN 1909

NATURE DES VÉHICULES	Lignes avec service de petite vitesse	Lignes sans service de petite vitesse
Locomotives......................	1.540 (4)	196
Voitures à voyag. automotrices.....	130	5.277
Voitures à voyageurs remorquées....	4.200	3.835
Fourgons et wagons.............	17.200	102
PARCOURS DES TRAINS (millions de km.)	42	199
PERSONNEL (5).................	20.600	39.350

(1) Y compris 240 voitures à vapeur ou machines-fourgons. La force totale de toutes les machines atteint 9.149.000 chevaux-vapeur.

(2) Les moyennes sont calculées en comptant le parcours des trains mixtes pour moitié dans celui des trains de voyageurs et pour moitié dans celui des trains de marchandises et en tenant compte du tonnage représenté par les voitures et les animaux en petite vitesse. Le nombre de places offertes dans les trains de voyageurs est calculé approximativement, d'après la capacité moyenne des véhicules et leur parcours annuel.

(3) Chiffre calculé en ramenant à l'année entière le nombre des journées payées.

(4) Force motrice 250.000 chevaux-vapeur.

(5) Le personnel employé à Paris au service des Omnibus est confondu avec celui des tramways, qu'il grossit d'environ 4.000 agents. Les chiffres donnés pour les lignes avec service de petite vitesse comprennent 3.100 femmes et 2.300 auxiliaires payés à la journée.

DÉVELOPPEMENT PROGRESSIF DU RÉSEAU FRANÇAIS D'INTÉRÊT GÉNÉRAL

ANNÉES	LONGUEUR moyenne exploitée (1)	CAPITAL d'établissement (2)	RÉSULTATS D'EXPLOITATION (3)				RECETTES par kilomètre exploité	RAPPORT du produit net au capital	PARCOURS TOTAL DU TRAFIC		TARIF MOYEN PAR KILOMÈTRE	
			RECETTES brutes	DÉPENSES	PRODUIT NET	COEFF. d'expl.			Voyageurs	Marchandises P.V. (4)	Voyag. (5)	March. P.V.
	kilomètres	millions	millions	millions	millions	0/0	francs	0/0	millions de voy. kil.	millions de ton. kil.	centimes	centimes
1845	875	290	32	15,5	16,5	49	36.700	5,60	247	100	6,70	11,12
1855	5.000	2.300	259	111	148	43	51.800	6,40	821	1.517	5,91	7,65
1865	13.200	6.400	569	260	309	46	43.100	4,80	3.328	5.472	5,53	6,08
1875	19.350	8.700	848	426	422	50	44.000	4,80	4.786	8.436	5,24	6,06
1885	29.800	12.600	1.044	569	475	54	35.000	3,80	7.025	9.791	4,66	5,94
1895	36.200	15.300	1.247	668	579	54	34.400	3,80	10.657	12.898	3,85	5,16
1905	39.450	17.561	1.577	823	754	52	40.000	4,30	14.162	17.676	3,69	4,52
1909	40.100	18.619	1.775	1.041	734	59	44.200	3,95	16.343	21.331	3,53	4,26
1910	40.300	18.874	1.828	1.099	729	60	45.300	3,86	16.907	21.984	3,50	4,27

(1) Déduction faite des doubles emplois résultant des parcours communs à plusieurs réseaux. Entre 1865 et 1875, nous avons perdu, avec l'Alsace-Lorraine, 738 kilomètres de lignes ayant coûté 325 millions et donnant 30 millions de recettes brutes.

(2) Dépenses faites au 1er janvier de chaque année sur les lignes qui étaient ouvertes à cette date ou qui ont été ouvertes dans le courant de l'année.

(3) Non compris les recettes et dépenses appelées annexes dans les statistiques jusqu'en 1897.

(4) Marchandises à la tonne, non compris les animaux, voitures, etc.

(5) Moyenne calculée y compris les recettes supplémentaires et non compris l'impôt sur la G.V. (23,2 0/0 en sus en 1875 et 1885, 12 0/0 les autres années).

DÉVELOPPEMENT PROGRESSIF

DES CHEMINS DE FER D'INTÉRÊT LOCAL ET DES TRAMWAYS

ANNÉES	LONGUEUR moyenne exploitée (2)	CAPITAL d'établissement (3)	RÉSULTATS D'EXPLOITATION				RAPPORT du produit net au capital
			RECETTES brutes	DÉPENSES	PRODUIT net	COEFFICIENT d'exploit. (4)	
	kilomètres	millions	millions	millions	millions	%	%

LIGNES AVEC SERVICE DE PETITE VITESSE (1)

ANNÉES							
1875	1.700	»	8	»	»	»	»
1885	1.800	230	10	9	1	90	0,45
1895	5.000	410	22,5	18,5	4	82	1,20
1905	11.000	740	47,5	37	10,5	78	1,40
1909	13.700	920	58,5	48	10,5	82	1,15
1910	14.400	950	62,5	51	11,5	82	1,20

LIGNES SANS SERVICE DE PETITE VITESSE (1)

ANNÉES							
1885	500	130	35	26	9	74	7,00
1895	850	190	50,5	40	10,5	79	5,50
1905	2.250	800	134	90	44	67	5,50
1909	2.550	1.050	171	110	61	64	5,80
1910(5)	2.650	1.130	174	113	61	65	5,40

(1) Le fait que le service de petite vitesse n'a pas été organisé sur un certain nombre de lignes où il était prévu par le cahier des charges a amené quelque incertitude dans le classement de ces lignes, dans les statistiques officielles ; nous avons fait la répartition approximative, entre les deux catégories, pour les premières années, d'après divers renseignements. Nous avons, en outre, cherché à tenir compte des déductions nécessaires pour éviter les doubles emplois résultant des emprunts de certaines voies par plusieurs lignes distinctes.

(2) Un grand nombre de chemins de fer concédés d'abord à titre d'intérêt local ont été ensuite incorporés au réseau d'intérêt général. Les lignes d'intérêt local concédées avec service P. V. ont été ainsi réduites de 3.150 kilomètres entre 1876 et 1885, de 420 km. entre 1886 et 1895 et de 100 km. entre 1896 et 1905. La plupart de ces lignes étaient en exploitation quand elles ont ainsi changé de régime.

(3) Le capital d'établissement représente les dépenses faites au 1er janvier de chaque année sur les lignes ouvertes à cette date, non compris les sommes perdues dans les liquidations et réductions de capital ; l'augmentation considérable pour les lignes sans service P. V. entre 1895 et 1905 résulte de la transformation de nombreux tramways et de la construction du métropolitain à Paris.

(4) Rapport des dépenses d'exploitation aux recettes brutes.

(5) Non compris la ligne Nord-Sud de Paris, ouverte en fin d'année, et déduction faite sur le capital de 15 millions rayés dans la dernière réorganisation des tramways de Paris.

DÉVELOPPEMENT PROGRESSIF DE LA LONGUEUR
DES CHEMINS DE FER DU MONDE

PAYS	SUPERFICIE myriamètres carrés	LONGUEUR EXPLOITÉE A LA FIN DE L'ANNÉE milliers de kilomètres					
		1875	1885	1895	1905	1909	1910
France (1) ...	5.350	21,5	32,3	41,4	51	54,2	55,3
Iles - Britanni-ques (2).. .	3.150	26,8	30,8	34,1	36,8	37,5	37,6
Allemagne (3).	5.450	28,2	37,6	47	65,4	70	71
Belgique (4)..	300	3,5	4,4	5,8	7,2	8,2	8,3
Hollande.....	300	1,6	2,3	3	3,4	3,6	3,7
Suisse (5)	400	2,0	2,8	3,5	4,3	4,6	4,7
Danemark....	400	1,2	1,7	2,2	3,2	3,4	3,5
Norwège.....	4.400	0,6	1 5	1,8	2,5	3	3,1
Suède	3.200	3,5	6,9	9,7	12,7	13,8	13,9
Russie (6)....	58.000	19,2	26,3	37,5	55	59,4	59,5
Autriche	3.000	10,1	13,3	16,4	20,9	22,3	22,7
Hongrie......	3.200	6,4	9	13,9	18,1	20,3	20,7
Roumanie....	1.300	0,9	1,3	2,6	3,2	3,4	3,6
Balkans (7)...	4.500	1,5	2,5	4	6	6,7	6,8
Italie	2.850	7,7	10,6	15,5	16,3	16,8	17,1
Espagne	5.000	6,1	8,9	12	14,4	15	15
Portugal.....	900	0.9	1,5	2,2	2,6	2,9	2,9
Ensemble de l'Europe ...	101.700	141,7	193,7	252,6	323	345,1	349,4
Etats-Unis (9).	78.000	119	206	292	354	384	389
Surplus de l'Amérique du Nord ...	120.000	8	23	38	55	64	65
Amérique du Sud (10)....	185.000	8	20	39	55	68	72
Asie........	440.000	10,5	22	43	81	99	102
Afrique......	300.000	2,5	7	13	26	33	37
Océanie......	110.000	3,5	13	22	28	30	31
TOTAUX.....	1.334.700	293,2	484,7	699,6	922	1023,1	1045,4

NOTA. — Voir les notes à la page 33, en face. — Le capital d'établissement était évalué, vers 1909, à 120 milliards pour 304.000 km. en Europe et 119 milliards pour 549.000 km. dans le reste du monde (Archiv für Eisenbahnwesen).

DÉVELOPPEMENT PROGRESSIF DES RECETTES

DES CHEMINS DE FER DE L'EUROPE ET DES ÉTATS-UNIS

PAYS	POPULATION millions		HOUILLE millions de tonnes extraites en 1912	RECETTES BRUTES DE L'EXPLOITATION millions de francs					
	1875	1910		1875	1885	1895	1905	1909	1910
France (1)....	36,7	39,6	38	856	1.054	1.270	1.625	1.834	1.891
Iles Britan.(2)	33	45,3	269	1.546	1.756	2.169	2.867	3.030	3.123
Allemagne (3)	43	65	222	1.054	1.238	1.870	3.105	3.642	3.884
Belgique (4)..	5,3	7,4	24	128	157	202	290	326	357
Hollande....	3,8	5,9	1	35	53	76	108	123	130
Suisse(5)....	2,7	3,7	»	58	74	111	173	206	222
Danemark...	1,8	2,7	»	14	18	33	62	72	76
Norwège....	1,8	2,4	»	5	10	15	24	33	33
Suède.......	4,4	5,5	»	35	55	85	153	178	»
Russie (6)....	85	142	23	382	626	1.055	1.776	2.149	2 272
Autriche.....	21	28,5	39	287	359	520	769	960	1.031
Hongrie.....	16	20,8	9	98	153	243	347	454	497
Roumanie....	5	7	»	13	23	43	71	84	»
Etats Balk.(7)	12	18	»	15	20	30	60	80	»
Italie (8).....	27	34,7	1	146	214	260	416	536	558
Espagne (8)..	16,5	19	4	109	162	205	301	341	»
Portugal (8)..	4,2	5,4	»	9	22	33	53	59	»
Ensemble de l'Europe...	319,2	452,9	630	4.790	5.994	8.220	12.200	14.112	»
Etats-Unis (9)	44	92	452	2.605	3.960	5.960	12.050	14.250	14.400

(1) Avec ceux des chemins de fer d'intérêt local et des tramways qui comportent un service de petite vitesse.

(2) Longueurs et recettes totales, sans les déductions mentionnées page 34.

(3) Avec tout le Luxembourg; lignes d'intérêt général et d'intérêt local à voie étroite comprises; année commençant au 1er avril pour la plupart des lignes.

(4) Y compris les chemins de fer vicinaux transportant des marchandises.

(5) Y compris les chemins de fer funiculaires ou à crémaillère.

(6) Avec la Finlande et le Caucase; lignes d'accès aux réseaux principaux (intérêt local) comprises.

(7) Turquie, Bulgarie, Serbie, Bosnie et Grèce; chiffres approximatifs.

(8) Les chiffres de 1909 et 1910 sont approximatifs. Pour l'Italie, les trois derniers chiffres se rapportent aux exercices commençant le 1er juillet.

(9) Sans l'Alaska. Recettes des exercices commençant au 1er juillet de l'année indiquée, à partir de 1895; évaluation provisoire pour les recettes de 1910-11.

(10) Avec l'Amérique centrale et les Antilles.

RÉSULTATS DE L'EXPLOITATION DES CHEMINS DE FER DES PRINCIPAUX ÉTATS

PAYS	Longueur moyenne exploitée	CAPITAL d'établissement		RECETTES BRUTES (Impôts non compris)					DÉPENSES d'exploitation		PRODUIT NET		PARCOURS TOTAL du trafic		TARIF MOYEN	
		Total	par km.	Voyageurs (1)	March. et animaux G.V. et P.V	Diverses et annexes	Totales	par km.	Totales	Rap. aux recettes	Total	Rapport au capital	Voyageurs	March. P.V.	Voy. (4)	March. P.V.
	Kilom.	Millions	1000 fr.	Millions	Millions	Millions	Millions	1000 fr.	Millions	0/0	Millions	%	Millions de V.K.	Millions de T.K.	cent.	cent.
France 1910 (int. gén.)	40.300	18.874	468	593	1.206	29	1.828	45,3	1.099	60	729	3,86	16.907	21.984	3,50	4,27
Îles Britann. 1910 (2)	37.100	25.730	694	1.008	1.772	180	2.960	79,8	1.838	62	1.122	4,35	»	»	»	»
Allemagne 1910-11 (3)	58.600	21.686	370	1.043	2.499	249	3.791	64,7	2.559	67	1.232	5,64	35.419	49.879	2,95	4,41
Autriche 1910 (4)	22.500	8.082	360	255	721	55	1.031	45,8	792	77	249	3,07	7.322	13.463	3,39	4,88
Hongrie 1910 (4)	20.600	4.509	219	131	347	19	497	24,2	322	65	175	3,90	4.404	6.617	2,98	4,92
Russie 1909 (5)	55.000	15.716	286	382	1.527	268	2.177	39,5	1.495	69	682	4,35	17.563	46.208	2,17	3,16
Italie 1910-11 (rés. d'Ét.)	13.400	6.487	484	186	312	27	525	39,1	422	80	103	1,60	»	»	»	»
Belgique 1910 (int. gén.) (6)	4.700	2.920	620	111	222	8	341	72,5	218	64	123	4,10	»	»	»	»
Suisse 1910 (6)	4.500	1.690	376	93	117	9	219	48,6	139	64	80	4,70	2.307	1.218	4,05	8,53
États-Unis 1909-10 (7)	384.000	74.300	193	3.280	11.660	310	14.250	37,1	9.440	66	4.310	5,80	32.040	372.300	6,24	2,67

(1) La taxe des voyageurs comporte la franchise pour un certain poids de bagages en France, en Angleterre, en Russie et aux États-Unis.

(2) Non compris les lignes urbaines électriques ainsi que 5 entreprises dont l'objet principal est l'exploitation de docks. Le capital est calculé d'après la valeur de titres au pair, non compris les additions nominales faites dans les fusions et conversions (440 millions) et en déduisant les sommes consacrées par certaines compagnies à l'achat des titres d'autres compagnies (270 millions). Les recettes diverses sont diminuées du revenu de ces titres, évalué approximativement à 4 0/0, et les recettes voyageurs ainsi que les dépenses sont diminuées de l'impôt versé à l'État, montant à 8 millions.

(3) Lignes à voie large d'intérêt général, chemin de fer de Guillaume-Luxembourg compris. Les dépenses comprennent 18 millions de pensions payées aux agents par les États, qui ne figurent pas dans les comptes des chemins de fer et doivent y être ajoutées.

(4) Lignes d'intérêt local à voie large comprises. Sans la Bosnie-Herzégovine. Capital calculé déduction faite des pertes sur émissions.

(5) Non compris les lignes de la Russie d'Asie et de la Finlande, mais y compris le chemin de fer transcaucasien et les lignes d'accès (intérêt local).

(6) Non compris les chemins de fer funiculaires ou à crémaillère. Le tarif moyen pour les marchandises est calculé G.V. comprise. Le capital comprend 119 millions de subventions pour le St Gothard.

(7) Le capital est calculé d'après la valeur des titres au pair, diminuée de la valeur nominale des actions et obligations de certaines Compagnies possédées par d'autres Cies de chemins de fer (21 milliards) et du capital employé à des usages étrangers au chemins de fer (190 millions). Les revenus divers ne comprennent ni les coupons de ces titres, ni les loyers payés par certaines compagnies à d'autres pour l'affermage de leurs lignes, ni les produits de l'exercice d'industries autres que les chemins de fer.

POSTES, TÉLÉGRAPHES & TÉLÉPHONES

NOMBRE DES CORRESPONDANCES ET DES OBJETS TRANSPORTÉS EN 1910

Nature des correspondances	Trafic	
	intérieur	international
Lettres de toutes catégories et cartes postales affranchies à 10 cent.....	1.192 millions.	204 millions.
Valeurs déclarées et objets recommandés..:...................:...	71 —	7 —
Echantillons, journaux, revues, autres imprimés et cartes postales affranchies à 5 cent............:...	1.881 —	173 —
Objets de toute nature transitant en dépêches closes............. ...	»	250 —
Lettres et paquets transportés en franchise pour les administrations publiques (chiffre de 1896)........	92 —	»
Correspondances télégraphiques et pneumatiques...................:...	64 millions	
Conversations téléphoniques.........	264 millions	
Nombre de postes d'abonnés au téléphone...........................	218.549	
Valeur des mandats émis...........	3.249 millions de francs.	

EFFECTIF DU PERSONNEL

AGENTS, SOUS-AGENTS ET OUVRIERS

En 1905...........................   88.100

En 1910... ....   106.500

RÉSULTATS FINANCIERS

Développement progressif des Recettes et des Dépenses

Millions de francs

ANNÉES	RECETTES					DÉPENSES				PRODUIT NET
	Transports des Postes (1)	Télégraphes	Téléphones (2)	Mandats fonds de concours et divers	Total	Service général (3)	Subventions maritimes (4)	Remboursements Retraites (5)	Total	
1825	»	»	»	»	28	»	»	»	13	15
1835	»	»	»	»	37	»	»	»	23	14
1845	»	»	»	»	54	»	»	»	35	19
1855	52	3	»	2	57	33	5	1	39	18
1865	77	9	»	3	89	46	20	3	69	20
1875	117	18	»	4	139	59	25	4	88	51
1885	132	27	»	10	169	110	27	8	145	24
1895	170	36	10	13	229	142	25	12	179	50
1905	250	44	23	23	343	220	25	14	259	84
1909	240	50	31	32	353	262	26	20	308	45
1910	256	55	31	36	378	279	26	17	322	56

(1) La taxe indépendante de la distance a été établie en 1848 et fixée, pour les lettres simples, à 0 fr. 20 ; elle a été relevée à 0 fr. 25 en 1871, puis abaissée à 0 fr. 15 en 1878 et à 0 fr. 10 en 1906.

(2) Non compris la partie des recettes des téléphones abandonnée aux communes pour couvrir les charges des fonds de concours fournis par elles pour l'établissement de certains réseaux, qui s'est élevée à 13,5 millions pour chacun des deux derniers exercices ; les fonds de concours nouveaux remboursables par ce procédé figurent pour environ 11 millions dans les recettes de chacun de ces exercices.

(3) Non compris : 1° la valeur des transports effectués gratuitement par les chemins de fer, estimée à 70 millions ; 2° les dépenses faites par de nombreuses communes pour assurer une meilleure distribution des correspondances, au moyen d'agents qu'elles paient.

(4) La majeure partie de ces dépenses a le caractère de subventions accordées à la marine marchande.

(5) Nous portons en dépenses les retraites servies aux anciens agents, sous déduction du produit des retenues subies par les agents en service,

COMMERCE INTERNATIONAL

VARIATION DES VALEURS EN DOUANE EN FRANCE

de 1909 à 1910

Comparaison de *l'évaluation provisoire* du commerce spécial de la France en 1910, faite d'après les prix arrêtés par la *Commission permanente des valeurs en douane* pour 1909, avec *l'évaluation définitive* faite d'après les prix arrêtés pour 1910.

NATURE DES MARCHANDISES	ÉVALUATION PROVISOIRE		ÉVALUATION DÉFINITIVE		AUGMENTATION (+) ou DIMINUTION (—)	
	Import.	Export.	Import.	Export.	Import.	Export.
	millions	millions	millions	millions	0/0	0/0
Objets d'alimentation	1.267	781	1.413	858	+11,5	+9,9
Matières nécessaires à l'Industrie......	4.146	1.799	4.346	1.931	+ 4,8	+7,3
Objets fabriqués	1.347	2.934	1.414	2.961	+ 5 »	+ 1
Colis postaux...	»	492	»	484	»	»
Totaux...	6.760	6.006	7.173	6.234	+ 6,1	+3,8

TABLEAU GÉNÉRAL DU COMMERCE EXTÉRIEUR DE LA FRANCE EN 1910

NATURE DES MARCHANDISES	COMMERCE GÉNÉRAL				COMMERCE SPÉCIAL			
	VALEURS Millions de Francs		POIDS Milliers de tonnes		VALEURS Millions de francs		POIDS Milliers de tonnes	
	IMPORTATION	EXPORTATION	IMPORTATION	EXPORTATION	IMPORTATION	EXPORTATION	IMPORTATION	EXPORTATION
Objets d'alimentation.	1.968	1.276	5.632	2.172	1.413	858	4.167	1.350
Matières nécessaires à l'industrie..........	4.813	2.385	32.527	13.978	4.346	1.931	30.382	12.048
Objets fabriqués......	2.321	4.444	1.334	2.457	1.414	3.445	1.169	2.115
Totaux.....	9.103	8.105	39.493	18.607	7.473	6.234	35.748	15.513
Excédent des importations...........	998		20.886		939		20.205	
Rapport des exportations aux importations........	89 %		47 %		87 %		43 %	

ÉLÉMENTS PRINCIPAUX

DU COMMERCE EXTÉRIEUR DE LA FRANCE

(Commerce spécial en 1910 ; valeur en millions de francs)

MARCHANDISES	IMPOR-TATIONS	EXPOR-TATIONS	EXCÉDENT	
			des importations	des exportations
Céréales	301	13	288	»
Vins......................	297	243	54	»
Eaux-de-vie et liqueurs.........	18	50	»	32
Sucres bruts ou raffinés........	56 (1)	85	»	29
Café (2).....................	126	»	126	»
Bois communs ou exotiques....	183	64	119	»
Caoutchouc, gutta-percha bruts.	320	237	83	»
Graines et fruits oléagineux....	380	8	372	»
Houilles et cokes............ ...	401	33	368	»
Métaux non précieux, outils et ouvrages en métaux, machines.	575	305	270	»
Automobiles..................	9	162	»	153
Produits chimiques (3)........	86	159	»	73
Peaux et pelleteries brutes	207	284	11	77
Peaux préparées et ouvrages en peaux et en cuir...........	172	197	»	75
Soies, fils et bourre de soie....	350	202	148	»
Tissus de soie................	57	333	»	276
Laines en masse et peignées, déchets de laines............	700	341	359	»
Fils de laine.................	9	76	»	77
Tissus de laine	45	212	»	167
Cotons en laine...............	470	173	297	»
Fils de coton.................	28	15	13	»
Tissus de coton..............	59	328	»	269
Lin, chanvre, jute, phormium...	172	25	147	»
Fils et tissus de lin, chanvre, jute, phormium, cordages........	30	70	»	40
Vêtements, lingerie confectionnés	12	173	»	161
Modes et fleurs artificielles.....	2	94	»	92
Meubles, ouvrages en bois, tabletterie, bimbeloterie, articles de Paris....................	44	222	»	178
Colis postaux (contenu inconnu).	35	484	»	449

(1) Sucres bruts des colonies françaises en presque totalité.
(2) Au commerce général, par suite de l'importance de l'entrepôt du Havre, les entrées de café ont atteint 187 millions et les sorties 56 millions.
(3) Non compris les nitrates de soude du Chili (importation, 72 millions).

COMMERCE DE LA FRANCE AVEC LES DIVERS PAYS
Commerce spécial, sauf indication contraire, en 1910
millions de francs (1)

PAYS	IMPORTATIONS en France		EXPORTATIONS de France		EXCÉDENT des importations (2)	
	Statistiques françaises	Statistiques étrangères	Statistiques françaises	Statistiques étrangères	Statistiques françaises	Statistiques étrangères
Angleterre...	930	567	1.275	1072	— 345	— 505
Allemagne..	861	679	804	636	— 57	— 43
Belgique....	470	669	1004	747	— 534	— 78
Pays-Bas....	93	91	83	79	10	— 12
Suisse.......	139	130	386	347	— 247	—216
Italie.......	189	208	344	334	— 155	—116
Espagne.....	195	240 (3)	141	184 (3)	54	56(3)
Autr.-Hongrie..	89	80	46	118	43	— 38
Russie	337	204	87	156	250	48
Suède.......	70	»	12	»	58	»
Turquie.....	96	»	73	»	23	»
États-Unis (4)	614	575	456	544	158	31
Rép. Argentine.	303	189	163	168	140	26
Brésil.......	167	»	69	»	98	11(3)
Chili........	94	36	37	27	57	9
Australie....	228	216	10	12	218	104
Egypte......	82	63	56	69	26	— 6
Indes anglaises.	387	200 (3)	43	56 (3)	344	144(3)
Chine......	210	128	17	9	193	117
Japon.......	110	116	12	14	98	102
Autres pays.	562	»	295	»	267	»
Totaux pour l'étranger.	6.226		5.413	»	813	»
Algérie......	447	»	439		8	»
Tunisie	73	»	87	»	— 14	»
Afrique Occid^{le}.	115	»	63	»	52	»
Madagascar .	20	»	27	»	— 7	»
Indo-Chine..	96	»	64	»	32	»
St-Pierre (5).	40	»	4	»	36	»
Autres colonies.	131	»	57	»	74	»
Totaux pour les colonies	922	»	741	»	181	»
Zone franche	25	»	59	»	— 34	»
Provisions de bord..	»	»	21	»	— 21	»
Totaux généraux	7.173	»	6.234	»	939	»

(1) Les chiffres donnés par les statistiques étrangères en monnaie d'argent ou en papier-monnaie déprécié ont été convertis en tenant compte du cours moyen du change.
(2) Le signe — indique les excédents des exportations sur les importations en France.
(3) Commerce général, seul fourni par les statistiques.
(4) Les statistiques des Etats-Unis se rapportent à la période du 1er juillet au 30 juin ; nous avons pris la moyenne des chiffres afférents aux années 1908-09 et 1909-10 pour la comparer aux chiffres des statistiques françaises de 1909.
(5) Avec la grande pêche.

DÉVELOPPEMENT PROGRESSIF DU COMMERCE EXTÉRIEUR DE LA FRANCE

D'APRÈS LES *moyennes* FIGURANT DANS LES STATISTIQUES DÉCENNALES

ANNÉES	COMMERCE GÉNÉRAL Millions de Francs			COMMERCE SPÉCIAL Millions de Francs			MÉTAUX PRÉCIEUX Millions de fr.	VARIATION DES VALEURS EN DOUANE (2)	
	IMPORTATIONS	EXPORTATIONS	EXCÉDENT DES IMPORTAT. (1)	IMPORTATIONS	EXPORTATIONS	EXCÉDENT DES IMPORTAT. (1)	EXCÉDENT DES IMPORT.	IMPORTATIONS 0/0	EXPORTATIONS 0/0
1827-1836	667	698	— 31	480	521	— 41	111	»	»
1837-1846	1.088	1.024	64	776	743	63	96	»	»
1847-1856	1.503	1.672	— 169	1.077	1.224	— 147	139	+ 31	+ 16,5
1857-1866	2.987	3.293	— 306	2.200	2.430	— 230	185	— 9,5	— 17,5
1867-1876	4.262	4.202	60	3.408	3.307	101	347	— 6,5	— 17,5
1877-1886	3.448	4.383	1.065	4.460	3.347	1.113	102	— 17	— 13,5
1887-1896	5.157	4.510	648	4.106	3.407	699	100	— 15,5	— 7
1897-1906	5.881	5.580	301	4.642	4.247	365	259	+ 19	+ 10
1907	7.874	7.256	518	6.223	5.596	627	434	+ 2,9	+ 1
1908	7.480	6.620	560	5.641	5.051	590	989	— 7,4	— 4,5
1909	7.856	7.482	374	6.246	5.718	528	179	+ 4,6	+ 3,7
1910	9.103	8.105	998	7.173	6.234	939	16	+ 6,1	+ 3,8
1911 (chiffres prov.)	»	»	»	8.461	6.172	1.989	»	»	»

(1) Le signe — indique les excédents de la moyenne des exportations sur celle des importations.

(2) Le signe + indique la hausse des prix et le signe — leur baisse au cours de chacune des périodes envisagées. Les différences afférentes à chaque année ont été calculées pour le commerce spécial : 1° jusqu'en 1863, en prenant le rapport entre l'évaluation faite avec les valeurs officielles fixes en usage de 1827 à 1846 et l'évaluation faite au moyen des valeurs arrêtées pour l'année en question ; 2° à partir de 1864, en prenant le rapport entre l'évaluation définitive faite au moyen des valeurs arrêtées pour l'année en question et l'évaluation provisoire faite au moyen des valeurs arrêtées pour l'année précédente ; le produit des rapports ainsi obtenus pour chacune des 10 années donne la variation totale des prix entre la dernière année de la période décennale précédente et la dernière année de la période envisagée.

COMMERCE EXTÉRIEUR DES PRINCIPAUX ÉTATS

COMMERCE SPÉCIAL *(millions de francs)*

PAYS		1865	1875	1885	1895	1905	1909	1910
France.......	Imp.	2.642	3.537	4.088	3.720	4.779	6.246	7.173
	Exp.	3.088	3.873	3.088	3.374	4.867	5.718	6.234
Angleterre (1).	Imp	5.620	7.973	7.884	9.004	12.287	13.440	14.490
	Exp.	4.050	5.642	5.375	5.700	8.318	9.530	10.855
Allemagne ...	Imp.	»	4.361	3.628	5.089	8.804	10.650	11.033
	Exp.	»	3.081	3.532	4.098	7.078	8.240	9.231
Pays-Bas (3)..	Imp	804	1.431	2.274	3.007	5.381	6.535	6.738
	Exp.	695	1.115	1.856	2.454	4.153	5.113	5.462
Belgique (3)..	Imp	756	1.307	1.347	1.680	3.068	3.704	4.265
	Exp.	602	1.102	1.200	1.385	2.334	2.810	3.407
Suisse	Imp.	»	x	720	916	1.380	1.642	1.788
	Exp.	»	»	634	663	969	1.138	1.224
Espagne (2) (3)	Imp.	340	478	765	838	1.088	957	1.000
	Exp.	285	448	698	805	994	926	971
Italie	Imp.	965	1.207	1.460	1.187	2.065	3.112	3.246
	Exp.	557	1.022	951	1.038	1.734	1.867	2.080
Autr.-Hong.(4)	Imp.	544	1.154	1.172	1.517	2.253	2.884	2.995
	Exp.	723	1.157	1.411	1.558	2.356	2.425	2.539
Russie (5)....	Imp.	378	1.316	1.161	1.436	1.693	2.416	2.416
(tout l'empire)	Exp.	492	1.015	1.403	1.871	2.872	3.806	3.806
Etats-Unis (6).	Imp.	1.236	2.688	2.360	3.788	5.634	6.639	8.014
	Exp.	864	2.586	3.765	4.110	7.727	8.487	8.858
Canada (6)....	Imp.	»	640	532	545	1.303	1.492	1.916
	Exp.	»	410	421	534	989	1.257	1.446
Brésil (2) (8)..	Imp.	»	»	»	»	747	934	1.190
	Exp.	»	»	»	»	1.116	1.603	1.560
Rép.-Argent. .	Imp.	»	279	461	475	1.026	1.514	1.760
(3) (8).	Exp.	»	251	419	600	1.614	1.987	1.860
Japon.......	Imp.	»	160	176	340	1.258	1.014	1.196
	Exp.	»	95	195	356	821	1.058	1.474
Chine.......	Imp.	»	520	484	699	1.690	1.371	1.560
	Exp.	»	530	356	583	861	1.112	1.282
Indes-Anglais.	Imp.	»	1.120	1.755	1.135	2.419	2.517	2.693
(2) (3)	Exp.	»	1.460	2.149	1.599	2.930	2.681	3.266
Australie (2)	Imp.	»	630	890	580	966	1.291	1.501
(3) (7)	Exp.	»	600	660	840	1.433	1.647	1.813

(1) Importations totales, diminuées du montant des produits étrangers ou coloniaux réexportés ; exportations de produits du Royaume-Uni.
(2) Commerce général. — (3) Y compris les monnaies et métaux précieux.
(4) L'ancien florin est compté pour 2 fr. 10. — (5) Le rouble est compté pour 2 fr. 67.
(6) Année finissant le 30 juin. — (7) Jusqu'à 1895, total du commerce des 6 colonies indépendantes diminué de leurs échanges entre elles. — (8) Chiffres provisoires pour 1910.

BUDGET DE LA FRANCE

RECETTES ET DÉPENSES DE L'ÉTAT

RECETTES (*millions*)	EXERCICE **1910** Budget	EXERCICE **1910** Comptes	**1911** Budget	**1912** Budget
1. Produits des impôts.......	2.874	3.033	3.087	3.137
2. Produits des monopoles et, exploitat. industrielles de l'État	912	950	940	953
3. Produits et revenus du do-domaine de l'État..........	70	64	72	68
4. Produits divers du budget.	68	69	73	69
5. Ressources exceptionnelles.	160	1	104	153
6. Recettes d'ordre...........	98	102	108	115
Produits recouvrés en Algérie.	3	3	3	3
Fonds de concours	»	52	»	»
Totaux....	4.185	4.274	4.387	4.497

DÉPENSES (*millions*)				
1. Dette publique...........	1.269	1.257	1.278	1.286
2. Pouvoirs publics........ .	20	20	20	20
3. Services généraux des Ministères................ ...	2.292	2.434	2.458	2.540
4. Frais de régie, de perception et d'exploitation des impôts et revenus publics..........	560	556	585	606
5. Remboursements et restitutions, non-valeurs et primes.	44	55	45	46
Totaux....	4.185	4.322	4.386	4.497

RECETTES ET DÉPENSES DES LOCALITÉS
(*millions de francs*)

		Recettes.	Dépenses.
Budget primitif des Communes pour 1910; recettes et dépenses *ordinaires* (sans les emprunts)	Paris	372	372
	autres	603	566
Comptes des départements pour 1907 (emprunts compris)		501	475

DETTES DE L'ÉTAT AU 31 DÉCEMBRE 1910
(non compris les pensions civiles et militaires)

NATURE DES DETTES	CAPITAL (millions)	CHARGES ANNUELLES (millions)		
		Intérêts	Amortis-sement	Total
Rente 3 0/0 perpétuelle..............	21.922	657	1,5	658,5
Rente 3 0/0 amortissable	3.488	104	-50	154
Annuités aux Cies de chemins de fer.,	2.118	96,5	16	112,5
Annuité de rachat de l'Ouest........	2.694	83,5	32	115,5
Annuités pour constructions d'écoles et rachats de canaux..............	20	1	1	2
Annuités dues à la Caisse des Dépôts.	780	24	36	60
Avances de la Banque de France......	180	»	»	»
Cautionnements en numéraire.......	130	3	»	3
Obligations à court terme...........	258	5	1,5	6,5
Dette flottante proprement dite......	1.386	15	»	15
Totaux.....	32.976	1.989	138	1.127

Sommes dépensées en 1910 pour les garanties d'intérêts dans la métropole et pour les pensions d'origine politique ou répondant à des services supprimés (cultes) ayant le caractère de dettes non évaluables en capital... **34**

Total général des charges annuelles.... **1.161**

PRODUIT DES BIENS ET CRÉANCES DE L'ÉTAT
EN 1910

Produit net de l'exploitation des forêts (1)	22 millions
Produit net des chemins de fer de l'Etat (1).......	62 —
Versements de l'Imprimerie nationale, de la Monnaie, de la Caisse des Dépôts et Consignations; revenus divers du domaine ou des placements de fonds...	25 —
Remboursement par annuités d'une créance sur le gouvernement chinois......................	11 —
Remboursements par annuités d'avances faites aux départements et aux communes..............	22 —
Remboursements d'avances par les Compagnies de chemins de fer ou partage de leurs bénéfices.....	11 —
Total.....	153 millions

DETTES DES LOCALITÉS AU 31 DÉCEMBRE 1909

Ville de Paris......................	2.474 millions	Ensemble
Autres communes..................	1.690 —	5.164
Départements et Chambres de commerce (estimation)...............	1.000 —	millions

(1) Produits nets calculés en ne comprenant pas dans les dépenses d'exploitation, le coût des reboisements (forêts), ni celui des travaux complémentaires, ni l'annuité de rachat du réseau de l'Ouest (chemins de fer).

DÉPENSES DES SERVICES PUBLICS NATIONAUX
COMPTES DE 1910, *dette non comprise* [1]

Dépenses militaires.   Millions de francs

Ministère de la Guerre (sans les frais des poudres vendues).	907	
Ministère des Colonies	78	
Marine (sans la subvention à la Caisse des Invalides)	348	1479
Pensions et Légion d'honneur	183	
A déduire, retenues, fonds de concours, aliénations	— 37	

Dépenses civiles de souveraineté

Pouvoirs publics	20	
Affaires étrangères (diminuées des recettes de chancellerie)	21	
Intérieur (avec les subventions aux localités et sous déduction de leurs concours et des recettes du *Journal officiel*).	60	
Justice (diminuées des amendes et frais recouvrés)	35	
Prisons et déportation (diminuées du produit tiré par l'Etat du travail des détenus)	20	395
Commerce, Travail, Agriculture (non compris les primes, les subventions et les dépenses d'enseignement)	21	
Colonies et Algérie (subventions aux budgets locaux et garanties d'intérêts à diverses entreprises, diminuées des recettes et concours tirés par l'Etat de ces dépendances)	24	
Finances (service général, frais de régie et de perception et répartitions faites aux agents sur les amendes)	194	

Dépenses répondant à des services rendus aux particuliers.

Travaux publics. — Entretien, administration et contrôle des concessions.	90	
Travaux neufs, y compris les travaux complémentaires du réseau d'Etat, les dépenses faites par les Cies pour le compte de l'Etat, les concours des Chambres de commerce, le reboisement et les subventions pour les chemins vicinaux et pour les alimentations en eau des communes	210	300
Instruction publique. — Enseignement primaire	237	
Autres services (y compris l'enseignement agricole, commercial et artistique, ainsi que les établissements scientifiques, musées, palais nationaux, etc)	91	328
Subventions à la Marine marchande (y compris les trois quarts de subventions postales), à la sériciculture, à la culture du lin, à la dénaturation de l'alcool, à l'élevage du cheval (diminuées des recettes des haras), aux travaux et institutions agricoles (diminuées des remboursements d'avances), aux théâtres, concerts, etc.	97	
Assistance : Concours de l'Etat aux œuvres d'assistance ou de mutualité; secours aux victimes de calamités; subventions aux Invalides de la Marine; allocations aux œuvres de charité prélevées sur les jeux et le pari mutuel.	123	
TOTAL	2.722	

(1) Les dépenses de chaque service comprennent celles des bâtiments civils qui lui sont affectés, ainsi que les pensions ou secours alloués aux anciens agents de ce service et à leurs familles ; elles sont diminuées : 1° des retenues subies par les agents pour le service des pensions ; 2° des recettes faites par chaque service comme contre-parties de certaines charges ; 3° des fonds de concours fournis par les localités ou les particuliers et qui ne sont remboursables, ni directement, ni au moyen de péages spéciaux.

Les dépenses de fabrication des tabacs, des allumettes et des poudres vendues aux particuliers, celles de l'exploitation des Forêts et celles des Postes, Télégraphes et Téléphones ne figurent pas dans les chiffres ci-dessus ; elles sont portées en déduction des recettes correspondantes aux pages 46 et 47. Les versements faits aux communes sur le produit de l'impôt foncier par suite de la suppression du budget des cultes, et les dépenses sur exercices clos représentant les paiements d'arrérages de dettes sont également déduits.

PRODUIT TOTAL DES IMPOTS EN 1910 (1)

Nature des Impôts	PART DE L'ÉTAT	PART DES LOCALITÉS (2)	TOTAL (millions)
Impôts sur les sources de la richesse.			
1. Contribution } propriété non bâtie....	67	200	
2. foncière } propriété bâtie.	94	108	
3. Taxes municipales sur la propriété bâtie.	»	44	
4. Patentes, impôts sur les mines et sur les locaux industriels, brevets d'inventions, frais de vérifications et inspection diverses.......	166	119	1.335
5. Prestations (3).........................	»	37	
6. Valeurs mobilières (4).................	178	»	
7. Effets de Commerce et Billets de Banque.	28	»	
8. Successions et donations...............	279	»	
9. Mainmorte et droit d'accroissement....	15	»	
Impôts sur les signes permanents de la richesse.			
10. Contribution personnelle.............	19	»	
11. Contribution mobilière................	13	166	
12. Portes et fenêtres....................	67	56	
13. Taxes municipales sur les loyers et taxes diverses de remplacement.............	»	14	406
14. Chevaux, voitures, vélocipèdes, chiens, cercles, billards, permis de chasse.........	39	20	
Impôts sur les actes et les transactions.			
15. Transmissions { immeubles (5).......	171	»	
16. à titre onéreux { valeurs mobilières...	84	»	
17. Autres droits d'enregistrement et de timbre (à l'exception de ceux qui figurent sous les Nos 6, 7, 8, 9, 14 et 22)....................	248	»	503
Impôts de consommation.			
18. Alcool (6)...........................	361	45	
19. Tabac (produit net,frais de régie déduits).	408	»	
20. Sucre (167 millions) ; vins, cidres et bières (89); sel, huile, vinaigre, stéarine, dynamite, cartes, or et argent ; droits de douane sur les cafés (150 millions), pétroles (57), cacaos, poivres, thés ; produit net des monopoles des poudres et des allumettes; licences,frais de surveillance à la charge des industriels, amendes et confiscations ; pari mutuel et jeux ; octrois (sauf sur l'alcool, et droit des pauvres.	713	264	1.791
21. *Droits de douane ayant un caractère protecteur* (7).............................	293	»	293
22. *Impôts sur les transports* (8)......... ...	240	26	266
TOTAUX...................	3.553	1.041	4.594

(1) Déduction faite des remboursements, restitution et non-valeurs.

(2) Départements, communes et chambres de Commerce, y compris la part de l'impôt foncier sur les propriétés non bâties versée aux communes depuis la suppression du budget des Cultes. Les produits des taxes de balayage (comprises sous le N° 3), du droit des pauvres (N° 20), et des droits de stationnement (N° 22) ne sont portés en compte que pour Paris ; ceux des monopoles municipaux, tels que pompes funèbres, abattoirs, eaux, gaz, ne le sont pas du tout.

(3) La taxe vicinale est comptée sur les impôts directs.— (4) Impôt sur le revenu et timbre.

(5) Avec la transcription. — (6) Avec les octrois sur l'alcool et la taxe de dénaturation.

(7) Droits d'entrée sur des produits ayant des similaires indigènes.

(8) Voir le détail : subventions industrielles page 3, droits sur les routes et chemins (p. 4) ; péages,droits de navigation et connaissements (pp. 7 et 10) ;frais de contrôle,impôts sur les voyageurs et les récépissés de Chemins de fer (p. 24); produit net des postes et télégraphes (page 36), grossi par le fait que nous avons fait entrer dans les dépenses de ce service seulement le quart de subventions aux services maritimes, le surplus étant compté comme subvention à la marine marchande (voir p. 45). Nous avons ajouté à ces taxes le droit de statistique et les sommes versées par les concessionnaires de lignes d'intérêt local pour frais de contrôle.

PROGRESSION DU PRODUIT DES IMPOTS EN FRANCE (millions de francs)

NATURE DES TAXES (1)	1825	1845	1865	1875	1885	1895	1905	1909	1910
I. Impôts sur les sources de revenus — Propriété foncière	283	275	300	335	372	385	471	542	513
Professions et entreprises	29	81	146	236	234	254	282	313	322
Val. mob. et effets de com.	30	4	18	63	81	103	145	204	206
Success. et donat.; mainmorte.	71	46	109	164	205	224	298	311	294
II. Imp. sur les signes permanents de la richesse		94	136	190	239	294	360	404	406
III. Impôts sur les actes et les transactions	145	201	274	393	397	397	413	485	503
IV. Impôts de consommation — Tabac et alcool	} 390	110	266	453	565	603	743	785	814
Autres produits (2)		345	528	895	911	1.005	848	955	977
V. Droits de douane ayant un caract. protect.	27	70	38	30	114	201	185	209	293
VI. Imp. sur les transports et correspondances.		42	85	231	197	194	262	245	266
Totaux	975	1.268	1.900	2.990	3.315	3.660	4.009	4.423	4.594
Part de l'Etat dans le total	833	1.037	1.458	2.382	2.589	2.855	3.123	3.403	3.553
Part des localités (3)	142	231	442	608	726	805	886	1.020	1.041
Part pour laquelle entrent dans le total des impôts — 1° les groupes I, II et III	57 0/0	55 0/0	52 0/0	46 0/0	46 0/0	45 0/0	49 0/0	50 0/0	49 0/0
2° les groupes IV, V et VI	43 0/0	45 0/0	48 0/0	54 0/0	54 0/0	55 0/0	51 0/0	50 0/0	51 0/0
Annuité successorale (success. et donations) (4)	1.770	2.503	3.940	5.243	6.326	6.700	6.785	7.281	6.827
Rapport du total des impôts à cette annuité	54 0/0	51 0/0	48 0/0	57 0/0	52 0/0	55 0/0	59 0/0	61 0/0	67 0/0

(1) Voir les détails et explications au tableau de la page précédente.

(2) Y compris: 1° pour l'Etat, les produits de la loterie et la ferme des jeux en 1825 et les droits de sortie jusqu'en 1865; 2° pour la Ville de Paris, le produit de l'impôt sur la consommation du gaz perçu sous la forme de redevances payées par la Compagnie jusqu'en 1895.

(3) On a transféré des recettes locales aux recettes nationales : 1° en 1890 les centimes spéciaux de l'enseignement primaire (environ 30 millions); 2° en 1899 les centimes pour frais de perception des impositions communales (environ 6 millions).

(4) Evaluation approximative, faite d'après les produits des droits de 1823 à 1827 d'après les chiffres officiels de 1826 et 1827, pour 1825 ; moyenne quinquennale des chiffres officiels pour la période dont l'année e. question forme le milieu, depuis 1845 jusqu'à 1905 ; chiffres annuels pour 1909 et 1910, — le tout est calculé, passif non déduit, pour rendre les comparaisons possibles avec le passé.

PROGRESSION DES DÉPENSES PUBLIQUES

ET RÉSULTATS RÉELS DE L'ENSEMBLE DES COMPTES DE L'ÉTAT

ANNÉE	RECETTES NORMALES (1)	DÉPENSES ORDINAIRES (1)	DÉPENSES EXTRAORDINAIRES ET HORS BUDGET (1)	AMORTISSEMENTS COMPRIS AU BUDGET	DÉFICITS OU EXCÉDENTS (2)	DÉFICIT OU EXCÉDENT TOTAL DE LA LA PÉRIODE (2)
	Moyennes annuelles (Millions de Francs)					Millions
1869......	1.869	1.728	283	86	— 56	— 56
1870-73 (3).	2.064	2.587	1.812	139	— 2.216	— 8.864
1874-77...	2.712	2.675	365	206	— 122	— 489
1878-90 (4).	2.997	3.061	441	145	— 360	— 4.680
1891-96 ..	3.310	3.344	127	63	— 98	— 589
1897-99 (5).	3.518	3.498	66	97	+ 51	+ 154
1900-02...	3.525	3.606	184	96	— 169	— 508
1903-07...	3.763	3.712	83	69	+ 37	+ 187
1908......	3.946	4.001	59	100	— 14	— 14
1909......	4.104	4.144	95	126	— 9	— 9
1910......	4.251	4.295	107	138	— 13	— 13

(1) Pour les années anciennes, voir les éléments compris dans ces colonnes à la note page 402 du livre V du Cours d'Économie politique (2e édition). En 1910, les recettes et dépenses normales sont celles qui figurent à la loi de règlement du budget, diminuées des fonds de concours et rectifiées en tenant compte des opérations hors budget effectuées au moyen 1° de la taxe sur les alcools d'industrie, 2° des prélèvements sur la Banque de France, sur le pari mutuel et sur les jeux ; les dépenses extraordinaires sont celles qui sont faites au moyen d'emprunts ou d'avances remboursables de toute nature.

(2) Nous appelons déficit et nous indiquons par le signe — la somme dont le total des dépenses ordinaires et extraordinaires, diminué de l'amortissement, dépasse les recettes normales ; il y a excédent, indiqué par le signe +, quand les recettes normales excèdent les dépenses totales, diminuées de l'amortissement.

(3) Période de la guerre et du paiement de l'indemnité de guerre ; cette indemnité figure dans les dépenses extraordinaires.

(4) Période du budget extraordinaire.

(5) On pourrait ajouter aux amortissements normaux portés dans la 5e colonne pour cette période un véritable amortissement hors budget de 151 millions, résultant de la convention de 1897 par laquelle le P.-L.-M., pour rembourser sa dette de garantie, a fait abandon de pareille somme, à déduire de celle que l'État lui devait en raison de ses avances en travaux, et a pris en conséquence à sa charge 6 millions d'annuités.

Poitiers. Imp. G. Roy, 7, rue Victor-Hugo.

www.ingramcontent.com/pod-product-compliance
Lightning Source LLC
LaVergne TN
LVHW022038080426

835513LV00009B/1118